Lieselotte Herwig

Alles im Leben
ist
wie Suppe
kochen

Eine
Küchenphilosophie
zum Weiterdenken

Bibliografische Information der Deutschen Nationalbibliothek:
Die Deutsche Nationalbibliothek verzeichnet diese Publikation
in der Deutschen Nationalbibliografie; detaillierte bibliografische Daten sind im Internet über http://dnb.dnb.de abrufbar.

Herstellung und Verlag: BoD – Books on Demand,
Norderstedt

ISBN: 9783758301339

Inhalt

1. Küchenphilosophie

Plötzlich war er da, der Vergleich, hatte in unserer Familie Platz gefunden. Sicher, um den Kindern bei einer schwierigen Aufgabe den Mut zuzuflüstern: Es ist alles ganz einfach. Wenn du eine Suppe kochen kannst, dann schaffst du das auch, denn „Alles im Leben ist wie Suppe kochen".

Als die Kinder ihren Weg gefunden hatten, geriet er in Vergessenheit und hatte sich auch in meinem Hinterstübchen verborgen. Aber wie es so ist: Irgendwann lugte er hervor, nahm Raum ein in meinen Gedanken und wollte bedacht werden. Und er schien in meine philosophischen Vorstellungen hineinzupassen. Erst nur als Floskel, die aufhorchen ließ, dann, beim genaueren Durchdenken, als Sinnbild für einen durchaus einleuchtenden Vergleich, und schließlich entdeckte ich Grundlegendes in ihm.

Aber da war noch die Frage: Kann/Darf ich als schlichte Hausfrau solche banalen Vergleiche in den Rang von philosophischen Grundsatzfragen erheben? In der Suppe eine tiefere Bedeutung erkennen wollen, sie nicht nur als schlichten Magenwärmer und Mahlzeitenfüller sehen? Was sollte an einer Suppe und ihrer Herstellung so bedeutend sein, dass es sich lohnt, mehr als dieses in ihr zu erkennen.

Eines scheint dem entgegenzustehen: die Philosophie. Allein der Begriff lässt uns ehrfürchtig erstarren: „Liebe zur Weisheit" – wie umfassend und tiefgründig muss man seine Gedanken ausrichten, um sie in einer philosophischen Debatte einbringen zu dürfen? Und waren es nicht große Denker, fast ausnahmslos Männer, die uns aus unserer Geschichte von der Antike an und in allen Kulturen als Philosophen bekannt geworden sind. Das christliche Abendland pflegte die Annahme, dass dem Manne der Geist, der Frau die Sinnlichkeit zustehe, der Mann musste im Leben bestehen, die Frau ihm den Rücken freihalten durch eine gepflegte Häuslichkeit. Der Frau wurde Bildung untersagt, der Mann dagegen prägte seiner Bildungsgrundlage männliche Prinzipien auf. Und so ist auch die Philosophie zu dem geworden, was wir mit ihr verbinden: ein „phallozentrisch" geprägtes Gedankenkonstrukt, in dem weibliche Sicht-weisen wenig zum Tragen kommen. Ein „Streben nach Erkenntnis über den Sinn des Lebens, das Wesen der Welt und die Stellung des Menschen in der Welt" - was sollten Frauen auch dazu sagen, wenn ihr Platz in der Küche sich um das körperliche

Sattmachen all derer zu drehen hatte, deren geistige Potenz genährt werden musste. „Lehre und Wissenschaft" von der Erkenntnis des Sinns des Lebens, das hat man Frauen schon gar nicht zugetraut.

Dass sich Frauen heute in der Philosophie etablieren und weibliche Sichtweisen einbringen, ist richtig und wichtig, aber den ehrerbietenden Rang eines „Philosophen alter Schule" können sie in der Wahrnehmung der Öffentlichkeit kaum erringen. Doch ist nicht **die** Philosphie weiblichen Geschlechts, **die** Liebe, wozu auch immer, ebenso weiblich, und „Sophie" ein Frauenname, der der Weisheit der Frau Gestalt gibt.

Eine weitere Definition ist „die persönliche Art und Weise, das Leben und die Dinge zu betrachten, die Welt und die menschliche Existenz zu ergründen, zu denken und zu verstehen". Und genau das möchte ich: von meiner Küche aus meine persönlichen Gedanken richten hinaus in die Welt, hinein in die objektive Wissenschaft, vor allem die neueren Datums, und beides verbinden mit der Praxis, die allen Frauen seit Angedenken oblag, für Leben und Lebenserhalt zu sorgen und damit unser aller Existenz zu begründen.

Das sei mir gestattet.

2. Alles im Leben ...

Darf ich einen Satz so apodiktisch, so unumstößlich und verallgemeinernd, formulieren, ohne belegen zu können, dass er wirklich auf alles anwendbar ist? Sicher wird man ihn widerlegen und mich darauf hinweisen können, dass er so nicht ausgesagt werden darf. Aber das würde diesem Satz die „Hallo-Funktion" nehmen, die gerade im Widerspruch zwischen der Zusammensetzung aus banalem Handeln und philosophischem Urteilen sich erklärt. „Alles im Leben ist wie Suppe kochen". Das passt nicht zusammen. Das eine gehört mit den Händen praktizierend in die Küche, das andere denkend in einen Diskurs über den Sinn des Lebens. Doch gerade deshalb ist er für mich aussagekräftig.

Ich will diesem Satz auf den Grund gehen und fange an, ihn zu analysieren. Das „Wie" macht ihn zu einem Vergleich, das „Kochen" bezieht sich auf ein Handeln. Also versuche ich das „Alles" dadurch zu begründen, indem ich mir verschiedene Handlungsabfolgen vorstelle und miteinander vergleiche. Und beginnen muss ich natürlich mit der **Suppe**.

1. Ich nehme mir vor eine Suppe zu kochen:

- Aus welchem Grund?
- Für wen?
- Kann ich das leisten?
- Habe ich dazu die nötige Ausrüstung?
- Will ich das überhaupt oder wird es von mir verlangt?
- Für welche Art Suppe entscheide ich mich?

Meine Antworten darauf könnte ich mit einem Idealfall beschreiben:

Ich habe Appetit auf eine Suppe, aber der Topf ist groß und fasst eine Menge an Inhalt. Viele könnten davon satt werden, und so möchte ich zum Suppenessen einladen.
Ich kann das leisten mit meiner Erfahrung und der Zeit, die ich dafür bereitstellen kann.
Die nötige Ausrüstung bietet mir meine Küche.
Ich stelle es mir vergnüglich vor, viele an meinem Tisch sitzen zu haben, die diese Suppe behaglich genießen.
Wenn ich weiß, wen ich einlade, entscheide ich mich für eine Suppe, die allen möglichst schmecken könnte und deren Zutaten zu erhalten sind.

2. Ich führe den Vorgang aus:

- Welches Rezept soll es sein?
- Welche Zutaten benötige ich?
- Wo bekomme ich sie her?
- Wie muss ich sie verarbeiten?
- Welche Reihenfolge verlangt der Zubereitungsvorgang?
- Wie muss ich sie würzen und abschmecken?
- Habe ich dabei die Gäste mit ihren Geschmackswünschen im Sinn?

Im Idealfall erhalte ich alle Zutaten, gehe nach dem vorgegebenen Rezept vor, schmecke die Suppe ab und bin überzeugt davon, dass sie auch den anderen schmecken könnte.

3. Ergebnis:

- Ich lade viele zum gemeinsamen Suppenessen ein.
- Meine Gäste essen die Suppe.

Im Idealfall löffeln sie die Suppe mit Behagen. Sie loben den Geschmack, aber auch die Möglichkeit, mit anderen dieses gemeinsame Essen teilen zu können. Sie unterhalten sich lebhaft, hören zu und kommen sich in den Gesprächen näher.

Und ich?

Mir gefällt es, für eine solche Stunde habe sorgen zu können. Mich macht das zufrieden, vielleicht sogar glücklich.

Das war die Suppe und jedem wird dieser Vorgang bekannt sein. Womit aber sollen wir ihn vergleichen können? Es könnte ein **Schrank** sein.

1. Ich nehme mir vor, einen Schrank zu bauen.

-   Aus welchem Grund?
-   Für wen?
-   Kann ich das leisten?
-   Habe ich dazu die nötige Ausrüstung?
-   Will ich das überhaupt oder wird es von mir verlangt?
-   Für welche Art Schrank entscheide ich mich?

Meine Wäsche/Bücher/Unterlagen versinken in einem Chaos. Den will ich beseitigen mit Hilfe eines Schrankes.

Ich habe einige Kenntnisse in der Holzverarbeitung und würde mir das zutrauen.

Meine Ausrüstung dazu finde ich in meinem Werkraum im Haus und für Dinge, die meine Kapazität überschreiten, nehme ich Hilfe in Anspruch.

Ich will diesen Schrank selber bauen, weil er eine spezielle Größe und Ausstattung haben und von mir besonders gestaltet werden soll.

2. Ich führe den Vorgang aus:

- Welcher Schrank soll es sein?
- Welche Materialien benötige ich?
- Wo bekomme ich sie her?
- Wie verarbeite ich sie?
- Welche Reihenfolge verlangen die Arbeitsvorgänge?
- Funktioniert die Ausführung oder muss ich sie abändern?
- Trifft die Ausführung meinen Geschmack oder will ich den Schrank noch verschönern?

Im Idealfall habe ich einen Schrank im Sinn, für den ich das nötige Material bekommen kann. Ich verarbeite es nach Anleitung und Erfahrung in der gebotenen Reihenfolge.

Die Ausführung gefällt mir, aber ich muss noch

einiges justieren und abschleifen, damit die Funktion reibungslos erfolgen kann.

3. Ergebnis:

Im Idealfall ist der Schrank so geworden, wie ich ihn mir vorgestellt habe. Ich bin stolz und führe ihn anderen vor. Sie loben mich und ich bin froh, nicht mehr im Chaos der Unordnung zu versinken.

Ich möchte ein weiteres Beispiel anführen: eine **Doktorarbeit**.

1. Ich nehme mir vor, eine Doktorarbeit zu schreiben.

- Aus welchem Grund?
- Für wen?
- Kann ich das leisten?
- Habe ich dazu die nötige Ausrüstung?
- Will ich das überhaupt oder wird es von mir verlangt?
- Für welches Thema entscheide ich mich?

Ich stelle mir den Idealfall vor, diese Doktorarbeit anfertigen zu können. Sie würde mir einen besseren Start ins Berufsleben ermöglichen. Meine Person würde durch diesen Titel aufgewertet werden.

Ich könnte das leisten, da ich in meinen Prüfungen stets Bestnoten erhalten und mein Studium abgeschlossen habe.

Ich habe einen Doktorvater, eine Doktormutter gefunden, die mich in diesem Vorhaben begleiten. Das alles gibt mir Sicherheit, dieses Unterfangen auch wirklich durchführen zu wollen.

Ich möchte sie in einem Fachgebiet meiner Wünsche ansiedeln.

2. Ich führe sie aus:

- Welches Thema soll es sein?
- Welche Forschungsaufgaben stellen sich mir darin?
- Wo kann ich die Forschung ausführen?
- Wie gehe ich planvoll das Schreiben an?
- Wie muss ich das Thema gliedern?
- Habe ich die Regeln einer Doktorarbeit eingehalten, ausreichend zitiert und sie formal richtig gestaltet?
- Kann ich sie mit gutem Gewissen als Eigenarbeit abgeben?

Im Idealfall konnte ich trotz des Schreibens meinen Unterhalt bestreiten. Das Erarbeiten meines Themas hat mein Wissen vertieft. Ich konnte forschen und Messergebnisse erhalten. Diese konnte ich in einer Ergebnisfindung zusammenführen. Dabei habe ich die Zusammenarbeit mit meinem Doktorvater /meiner Doktormutter als produktiv empfunden. Ich habe die Arbeit überprüft auf Formfehler und Plagiate. Ich habe sie eigenständig durchgeführt.

3. Ergebnis:

Ich habe eine Zeit der Entbehrung vieler Annehmlichkeiten durchlebt, kann dafür aber eine eigenständige Arbeit vorweisen. Das macht mich stolz. Mein Doktortitel weist mich aus als eine Person, die klug denken und wissenschaftlich arbeiten kann. Das öffnet mir in meinem Beruf ein Tor zu einem gehobenen Posten. Meine Zukunft kann darauf gesicherter aufbauen.

Vergleich:

Ich möchte nun diese drei Beispiele miteinander vergleichen.
So unterschiedlich alle drei Vorhaben angesiedelt sind, gibt es gleiche Strukturen.

Fangen wir mit dem Vorhaben an. Immer gibt es einen Handelnden, der sich etwas vornimmt. Er

/Sie will etwas tun. Jeder/Jede hat eigene Gründe dafür, genau dieses ausführen zu wollen.

Auch das Ausführen unterliegt ähnlichen Strukturen. Ich muss mein Vorhaben dem Objekt entsprechend angehen und den Weg so wählen, dass eine Arbeit ausgeführt werden kann, die zu meinem gewünschten Ziel führt. Ich führe sie eigenständig durch und kontrolliere stets mein Handeln. Das verläuft bei allen drei Vorhaben in einem vergleichbaren Ablauf.

Bei dem Ergebnis sehen wir jedoch Unterschiede:

Die Suppe koche ich für viele. Ich lade ein zu einer gemeinsamen Stunde, in der nicht nur das Sattmachen und Genießen der Suppe wesentlich ist, sondern das Zusammensein. Mein und der Körper meiner Gäste wird durch die Suppe wohlig aufgewärmt, die Gespräche berühren die Seelen und geben Signale des Bemerktwerdens zurück. Jeder fühlt sich angesprochen und kann sich öffnen. Ich fühle mich als Initiator dieses Zusammenseins beglückt und möchte ein solches wiederholen.

Den Schrank baue ich für mich. Ich will bei mir Ordnung schaffen, und dass mir das durch mein Wirken gelingt, macht mich stolz und zufrieden.

Den Schrank zeige ich gern meinen Besuchern und freue mich über ihr Lob.

Die Doktorarbeit ist für mich und meine Zukunft gedacht. Dass ich diese enorme Anstrengung leisten konnte, macht mich stolz. Dass kaum jemand diese Arbeit lesen will, ist mir egal, sie ist der Beweis meines Könnens, der sich im Doktortitel widerspiegelt. Der Wissenschaft jedenfalls soll sie als ein Baustein des Fortschritts dienen.

„Alles im Leben ist wie Suppe kochen" – wenn wir den Ablauf von Handlungen miteinander vergleichen, stimmt es. Und jeder meiner Leser ist aufgerufen, dieses bei eigenen Erfahrungen zu überprüfen. Ich habe immer wieder den Idealfall als Beispiel angegeben. Es läuft eben glatt und am besten, wenn ich mich an diesem Raster orientiere und meine Arbeit durchdacht angehe und dem Ziel entsprechend ausrichte. Lass ich einen Schritt aus, komme ich schon ins Stolpern. Und wenn ich bei dem allerersten Schritt gleich Bedenken habe, gerät das ganze Vorhaben in eine Schieflage. Wenn ich etwas nicht will, wenn ich den Sinn nicht einsehe, wenn mir etwas zuwider ist, dann steht mein Handeln unter einem schlechten Stern. Eigentlich sollte ich dann gar nicht erst anfangen.

Bei dem Ergebnis müssen wir differenzierter vorgehen. Es geht dabei nicht nur um ein perfektes Ergebnis, das ich vorweisen kann. Meine Suppe schmeckt, ja. Aber vor allem schmeckt sie den anderen und ich sorge durch sie für ein Gemeinschaftserlebnis, das über das Genießen der Suppe hinaus glücklich macht. Und das strahlt auf mich zurück und beschert mir das Gefühl der Zufriedenheit, für viele etwas Sinnvolles getan zu haben.

Bei dem Schrank habe ich durchaus auch etwas Sinnvolles getan. Meinen Ordnungssinn kann ich damit zufriedenstellen und statt immer wieder suchen zu müssen, kann ich diese Zeit wiederum sinnvoll gestalten. Aber der Schrank selbst gibt mir keinen Hinweis, in welchem Bereich ich einen Sinn finden soll.

Bei der Doktorarbeit habe ich in erster Linie für meine Reputation gearbeitet. Das habe ich zwar mit viel Mühe, aber doch nur einmal in meinem Leben gemacht, und für den Rest des Lebens darf ich dieses als Titel meinem Namen zufügen. Ob ich dieses Thema noch einmal für andere aufarbeite oder sinnvoll handelnd umsetze, wird davon abhängen, welchen Sinn ich darin sehe. Ich muss es nicht tun.

3. Ein sinnvolles Handeln

Eigentlich wäre der Satz „Alles im Leben ist wie Suppe kochen" damit ausreichend beschrieben. Es gibt anscheinend etwas Vergleichbares in unserem Handeln, ein Raster der Abläufe, der überall zielgerichtet abläuft – oder so ablaufen sollte. Doch dieser letzte Teil zeigt uns, dass das Ergebnis unterschiedliche Auswirkungen zeigt.

Bleiben wir bei unseren drei Beispielen und vergleichen sie:

Die Suppe, die ich für andere gekocht habe, hat nicht nur die Esser, sondern auch mich glücklich gemacht. Aber wie lange hält dieses Glücksgefühl an? Vielleicht sagt es mir, dass ich es immer wieder tun muss, dass mein Sinn darin liegen könnte, mich anderen Menschen zuzuwenden und mit ihnen etwas Gutes zu schaffen.

Und der Schrankbauer, der über seinen ersten Schrank glücklich ist, baut der neue Schränke? Immer wieder? Liegt sein Glück in dem Besitz vieler Schränke?

Der Doktor hat die Doktorarbeit hinter sich und dafür den Doktortitel erhalten. Der bleibt ihm erhalten, aber reicht er für ein dauerhaftes Glücksempfinden? Kann er immer wieder Leute einladen, um mit ihnen den Doktortitel zu feiern?

Ich sehe darin etwas Paradoxes:

Die Suppenköchin hat durch ihren Einsatz für viele Glücksmomente gesorgt, die bei den Beteiligten nachhallen als lebenswerte Erinnerung. Aber die Suppe ist aufgegessen und muss immer wieder neu gekocht werden. Der Schrankbauer hat ein Leben lang Freude an seinem Schrank und hält diesen in Ehren. Vielleicht finden seine Erben noch Gefallen an ihm, sodass er den Erbauer überlebt indem er in den Besitz eines anderen übergeht. Der Doktor kann nichts wiederholen und seinen Titel nicht vererben, aber auf seinem Grabstein steht es in Stein gemeißelt, dass er sich einmal in seinem Leben nachhaltig Mühe gegeben hat. Auf welchem Stein steht: Sie konnte hervorragende Suppen kochen und hat ihr Leben lang dafür gesorgt, dass andere satt und glücklich wurden?

Mit dem Sinn ist es also eigen. Er scheint ganz privat für jeden etwas anderes zu bedeuten. Und es scheint so, dass das Sinnvolle, das wir im Leben tun, nicht auf einem Grabstein stehen muss.

Wir suchen nach einem Sinn. Doch wer sagt uns, was sinnvoll ist? Was ist der Sinn unseres

Lebens? Die Kirche wusste es schon immer, denn den Sinn legte sie in ein gottgefälliges Leben, das in der Einhaltung der kirchlichen Gebote zu führen war. Schlussendlich sollte doch Gott uns zu sich holen in sein himmlisches Reich, um mit den Scharen der Engel sein Lob zu singen. Den Sinn des Lebens haben wir damit verlagert in eine zukünftige Existenz jenseits unseres irdischen Lebens. Keiner hat die himmlische Welt je zu Gesicht bekommen, und im Zuge der Weltraumeroberung fällt es uns schwer, uns ein personenbesetztes Himmelreich vorzustellen. Uns wird stattdessen klar, dass wir durch unsere himmelgerichtete Jenseitsvorstellung die Erde unter unseren Füßen missachtet haben. Wir haben sie, von Gott(?) erschaffen, nicht wie ein kostbares Geschenk gehütet, sondern sie gedankenlos ausgebeutet, als ob wir sie irgendwann austauschen könnten gegen eine neue ungebrauchte. Gerade die Weltraumfahrt hat uns gezeigt, wie fragil unser Erdball von außen betrachtet wirkt. Und wissenschaftliche Beweise, dass die Katastrophen dieser Welt nicht mehr zu leugnen sind, erfahren wir täglich entweder als Betroffene oder in den Nachrichten. Wir sind dabei, die Erde und mit ihr unsere Existenz zu zerstören. Die Sinnsuche wird sich also verlagern müssen. In dieser

Umbruchsituation befinden wir uns heute, und die Schreckensmeldungen der unterschiedlichsten Katastrophen machen uns deutlich, dass es so nicht weitergehen darf.

Umzudenken fällt uns schwer. Bislang hat jeder an seiner persönlichen Sinnsuche gebastelt: dem Sport, einer künstlerischen oder handwerklichen Tätigkeit, einem ausfüllenden Beruf, Reisen, um andere Länder kennenzulernen oder sich auch nur zu erholen. Jeder hat seine persönliche Vorliebe entdeckt und sie gelebt. Und so möchte es auch bitteschön bleiben. Neue Lebensabschnitte haben neue Prioritäten gesetzt. Damit wird das Leben spannend und stellt uns immer wieder vor eigen geprägte Herausforderungen. Die Sinnsuche wandelt sich mit dem eigenen Erleben. Das reicht uns als Herausforderung, die großen Katastrophen können wir nicht mehr unterbringen. Wir wollen sie nicht.

Und doch fordern sie uns heraus zu einer Stellungnahme. Wir merken, dass wir uns ihnen gegenüber hilflos fühlen und nicht wissen, wie wir uns verhalten sollten. Bislang hat jeder sein eigenes Süppchen gekocht und die negative Aussage dieses Bildes macht uns unseren Egoismus deutlich. Jeder hat gekocht nach eigenem Rezept und eigenem Belieben. Hauptsache er selbst wurde satt.

Kann es nicht so weitergehen, dass wir andere für unsere Sicherheit und unser Wohlergehen sorgen lassen, damit wir in unserer Privatsphäre nicht gestört werden? Sinnsuche darüber hinaus ist lästig. Sinnsuche fordert uns heraus.

Wir suchen nach einer Institution, die uns diese Suche erleichtert. Bislang wurde sie uns verordnet durch die Kirche in einem christlichen Leben, das in erster Linie durch Gebote und Verbote bestimmt wurde, in zweiter Linie erst durch die christlichen Tugenden der Liebe und Nächstenliebe. Wir sind dabei dieses umzudrehen und die Liebe voranzustellen – auch die christlichen Kirchen.

Ich kenne keine amtliche Institution, die uns einen Sinn verordnet. So sehr die Kirche auch dabei ist, ihre Prioritäten zu verlagern, um im Chaos aller Katastrophen einen Weg zu beschreiben, reicht das immer noch gottzentrierte Denken nicht aus. Nein, nicht Gott hat sie zugelassen, nicht Gott ist für Kriege verantwortlich. Und auch nicht für Hungersnöte. Wir sind es.

Und wir haben dafür zu sorgen, dass alle auf der

Welt in Frieden eine Suppe essen können.

4. Wer weist uns den Weg?

Wenn das Jahr sich dem Ende zuneigt, begeben sich drei Könige/Gelehrte auf die Reise. Sie folgen dem Stern und finden das Heil in Bethlehem in Form eines neugeborenen Kindes in einer Krippe.

Wir singen es, spielen es, sagen es. Wenn es so einfach wäre, das Heil irgendwo im Nirgendwo liegend zu finden. Doch es ist die Sehnsucht danach, die uns hoffen lässt. Worauf? Dass alles einfach nur gut werden möge. Dass jemand in die Welt kommen möge, der uns aus diesem Jammertal erlöst.

Als Kind habe ich dieses in vielfältiger Form zu hören bekommen. Jesus, unser Erlöser. Aber ich will nicht die Kirche verurteilen ob ihrer Glaubensdogmen. Wir sollten sie aber nutzen, um gedanklich Klarheit in uns zu schaffen. Was sagen sie aus? Was kann ich akzeptieren, wogegen muss ich mich auflehnen, weil es unserem heutigen Weltbild widerspricht. Wir fühlen uns unwohl bei so manchen Aussagen, stellen sie infrage, möchten damit nichts zu tun haben. In den Fürbitten jedoch bitten wir inbrünstig unseren Gott, dass er uns behüte und beschütze vor allem Unheil dieser Welt. Wir schaffen uns gedanklich Schutzheilige, Schutzengel.

O heiliger Sankt Florian, verschon mein Haus, zünd andre an!

Unser Problem ist es, in einer Zeit zu leben, in der die mittelalterliche Denkweise uns noch in unserer inneren Haltung prägt, die neue Zeit aber uns deutlich macht, dass es eine Diskrepanz zwischen beiden gelebten Realitäten gibt. Was sollen wir glauben? Was dürfen wir denken? Was müssen wir tun? Gerade die Weihnachtszeit mit all ihren Festen und Feiern macht uns deutlich, dass wir dieses Fest auf den unterschiedlichsten Ebenen begehen. Das Mittelalter hat uns die ergreifendsten Szenen geschenkt, die die begabtesten Maler jeder Epoche dargestellt haben: Maria mit ihrem Kind. Und auf diesem Christkind, das den Kindern an seinem Geburtstag Geschenke bringt, baut eine innige Gläubigkeit auf, dass es so sein muss, wenn der erwachsene junge Mann als Sohn Gottes uns das Geschenk des ewigen Lebens verspricht.

Oder vielleicht nur die Möglichkeit? Für wen? Für alle Gläubigen?

Mein Widerspruchsgeist wurde geweckt durch unseren Kaplan. Wir waren in der Diaspora nur eine kleine fast familiäre Gruppe von katholischen Schülern, die von unserem Kaplan in der Realschule unterrichtet wurden. Und er war sich sicher, uns mit dem größten Geschenk zu überraschen, das einem Menschen zuteilwerden kann: „Ihr habt die Chance, in den Himmel zu kommen, weil ihr dem rechten Glauben angehört." Ich stutzte und polterte los: „Das finde ich aber ungerecht! Was können denn alle die dafür, nicht in dieser Glaubensgemeinschaft aufwachsen zu können?" Auch sein Vorschlag, wie allen dieses höchste Glück zuteilwerden könnte, stieß auf meinen Widerstand. „Sie können ja dem rechten Glauben beitreten." Nein, so sah ich es nicht.

Hatte mir der Kaplan nun den Weg gewiesen? Sicherlich. Aber nicht so, wie er es gedacht hatte. Dass immer noch nach einem ganzen Leben diese Szene in mir lebendig ist, zeigt, wie heftig sie meine Gedanken durchgerüttelt hatte. Vorher war mir die Gnade eines ewigen Lebens nicht bewusst gewesen, nun aber wusste ich, dass ich das so nicht wollte. Ich wollte nicht das Privileg eines zufälligen Geburtsortes genießen. Irgendwie war mir meine zukünftige Anwesenheit in den himmlischen Gefilden äußerst entfernt, in der räumlichen Dimension des Himmels ebenso wie in der Stunde meines

Ablebens auf dieser Erde. Die Erde wurde mir wichtiger. Und mit ihr das Leben aller Menschen darauf.

5. Auf der Suche

Wie aber konnte ich etwas von den Menschen erfahren? Damals in den 50-er Jahren waren wir alle auf die kleinen überschaubaren Einheiten unseres gefügten Lebens beschränkt. Die große weite Welt spielte sich irgendwo ab, nur nicht bei uns. Werte wurden uns durch Vorleben vermittelt, aber auch durch Gebote und Verbote. Von letzteren viel. Und fragten wir nach, wurde ausweichend geantwortet, nicht nur in Fragen der Sexualität. Der Krieg war gerade vorbei, entsetzliche Gräuel waren geschehen, massive Ungerechtigkeiten hatte man in den Familien zu verarbeiten, aber vor den Kindern versuchte man das alles zu verbergen. Und Zweifel an fragwürdigen Verhaltensnormen waren nicht angebracht. Zweifel an der Kirche schon gar nicht. „Das musst du glauben!" Ich wollte nicht einfach nur glauben. Das schien mir zu wenig. Aber was wollte ich dann?

Zuerst einmal blieb mir nur das Aufsammeln von dem, was ich als ungerecht empfand. Dass ich keine evangelische Kirche betreten sollte, dass ich nicht die Konfirmation meiner evangelischen Freundinnen mitfeiern durfte, dass mein Bruder als Ministrant den Altarraum betreten durfte, ich aber als Mädchen nicht. Irgendwie schien auch mein Bruder mit größeren Privilegien ausgestattet zu sein. Es schien nicht nur so, dass seinem Drang nach Freiheit, nach Ungebundenheit und Ausprobieren eher nachgegeben wurde. Und Lob für seinen seltenen Einsatz in der Küche erhielt er im Übermaß. Ich nicht. Von mir wurde das schlichtweg verlangt.

Dass es zwischen Mann und Frau, zwischen Kirche und Gemeinde, zwischen Oben und Unten kein gleiches oder zumindest gelichwertiges Verhalten gab, wurde mir zunehmend bewusst. Und erst in den späten 60-ern und den 70-er-Jahren begehrte die junge Generation auf und protestierte. Wogegen? Gegen alles Mögliche. Gegen den Muff, das Verschweigen, das Untertandenken. Man deckte auf und wollte alles anders machen, vor allem gerecht.

In diesen Jahren bekam ich meine Kinder und wurde eingesogen in das Hamsterrad der Aufgaben, als Mutter, als Haushaltsvorstand, als Ehefrau und schlussendlich auch als Berufstätige, die überall nur das Beste bringen wollte. Vollen Einsatz bis zur totalen Erschöpfung. Wieder fand die große weite Welt irgendwo draußen statt und nicht bei mir. Obwohl es bei mir viel zu protestieren gegeben hätte. Aber den Aufstand probten die Frauen erst später, und die Inhalte ihrer Proteste kamen bei mir erst an, als sich die Jahre im Hamsterrad durch das Heranwachsen meiner Kinder lockerten. Und ich staunte: Ich darf protestieren? Ich darf meinen Unmut äußern und Änderungen fordern? Ich darf dafür sogar auf die Straße gehen und ein politisches Handeln erwirken wollen?

Proteste fanden auf vielen Ebenen statt. Noch nicht bei der Kirche. Die schien festgefügt auf ihren Glaubenssätzen zu ruhen und konnte immer noch mit Höllenstrafen drohen, wenn ihre Kirchenregeln nicht eingehalten wurden. Denn über allem stand das Ziel, sich durch ein gottgefälliges Verhalten einen Platz im Himmel zu verdienen. Doch was galt als gottgefällig? Meine Eltern, vor allem meine Mutter, führten eigentlich das, was ich als gottgefällig einstufte. Sie versorgte täglich eine uns bis dahin fremde gelähmte Frau, und das 18 Jahre lang. Ihre eigenen Bedürfnisse stellte sie zurück im Dienst für sie, für uns, damit jeder zurechtkam und sie in der schweren Nachkriegszeit unser Überleben sichern konnte. Bei einer Aussprache mit unserem Kaplan, eben dem, der mir das Himmelreich in Aussicht gestellt hatte, wurde ihr Kirchenverhalten aber als „nur böhmischkatholisch" und nicht „römisch-katholisch" abqualifiziert. Meine Mutter hatte mir verboten, am Dienstag früh in die Schulmesse zu gehen, sie hatte einfach Angst um meinen ständig labilen Gesundheitszustand.

Was unser Kaplan wiederum nicht begriff, war, dass er damit meinen inneren Widerstand angeheizt hatte. So durfte es einfach nicht sein. Und ich fing an, grundsätzlich etwas infrage zu stellen, was die Kirche eigentlich nicht duldete. Vom weißen Schaf verwandelte ich mich in ein schwarzes, nicht abrupt, aber das weiße Fell ergraute und mischte sich mit schwarzen Flecken. Und ich entdeckte vieles. Widersprüchliches. Grauenhaftes. Eine Kirche, die den Folgsamen den Himmel versprach und den anderen die Hölle auf Erden bereitete. Eine Kirche, die Wasser predigte und Wein trank.

Ich will und kann nicht auf die Verfehlungen eines Kirchenstaates eingehen. Aber in der Zwischenzeit, also einige Jahrzehnte später, ist auch für die Kirche nichts mehr so wie es war. Sie hat selbst dazu beigetragen, sich zu entzaubern. Und viele wollen sie nicht mehr unterstützen, weder durch ihre Kirchensteuern, noch durch ihr Erscheinen. Es ist eine schleichende stille Revolte, die sich aber niederschlägt und schmerzlich bemerkt wird. Es war doch alles so einleuchtend, warum jetzt auf einmal nicht mehr?

Viele halten an den Kirchen und ihren Angeboten fest. Vor allem sind es die sozialen Einrichtungen, die den Menschen Zugehörigkeit vermitteln und ihren Dienst in dem Grundgedanken der Nächstenliebe ansiedeln. Dort fühlt man sich geborgen und aufgehoben. Jesus hat schließlich die Liebe zu den Menschen zur Maxime erhoben. „Liebe deinen Nächsten", genau das ist in vielen von uns tief verwurzelt. Die Kirche bietet uns dazu den Rahmen, Nächstenliebe ist hier angesiedelt und wird praktiziert. Aber nur dort? Und ist die kirchlich praktizierte Nächstenliebe eine andere, vielleicht sogar wertvollere, als die im säkularen Bereich?

Und wie steht es mit der Nächstenliebe in anderen Religionen?

6. Religion

Ich las mich in andere Religionen ein. Und jede Aussage verglich ich mit dem, was ich bei meiner Religion, der römisch-katholischen, erfahren hatte. Und immer wieder stieß ich auf Vergleichbares. Nein, es war nicht deckungsgleich, aber die Grundstruktur ähnelte sich. In einem Ausschlussverfahren wurde anderen Glaubensgemeinschaften die Berechtigung abgesprochen. Sie gehörten nicht dem rechten Glauben an. Sie haben nicht den rechten Gott, zu dem man beten kann. Sie denken anders und handeln anders und ihre Gebräuche und Gewohnheiten sind gewöhnungsbedürftig. Und überhaupt: Wie ist diese Religion entstanden und wie ernst kann man den Entstehungsprozess nehmen? Wen betitele ich mit „Gott", wenn seine Inkarnation auch in einem Krokodil wie im alten Ägypten zu finden ist? Und dass heute ein Fußballstar mit Gott betitelt wird, bedeutet nicht, dass daraus eine neue Religion entstehen wird. Und doch: Zeigen nicht die Anhänger dieses „Gottes" ähnliche Verhaltensweisen wie religiöse Fanatiker?

Ich merke, dass dieses mein Hauptproblem mit religiösen Gruppierungen ist.

Überall fand ich die Sinnsuche nach unserem Leben hier auf der Erde in den Religionen verankert. Warum bin ich hier? Welches ist meine Bestimmung? Wie geht es nach meinem Tod weiter? Es ist die Suche nach einer glaubhaften Erklärung, obwohl sie kaum zu erklären ist. Es ist der Wunsch nach Halt, nach einem Verankertsein. Führer jedweder Couleur steckten den Rahmen ab für ein Handlungs-muster, gaben Edikte und Verordnungen aus, und auch wenn ich auf der Seite der Verlierer war, wusste ich, was ich zu tun und zu lassen hatte, um zu überleben. Durch Eroberungen wendete sich das Blatt und durch Kriege änderten sich meine Lebensbedingungen. Immer war es ein erneuter Kampf und nichts gab mir die Sicherheit eines ruhigen Lebens. Aber da gab es einen Gott und die Aussage: Gott hat dich erschaffen, er kennt dich und liebt dich, so wie du bist. Er schenkt dir Kraft für dich und dein Tun, wenn du dieses annimmst. Unendlich viele Gebete haben so den Weg zum Himmel gefunden und durch dieses Beten ist tatsächlich die Gewissheit entstanden, in einem Gespräch mit einer höheren Macht zu einem inneren Gleichgewicht gefunden zu haben.

Aber da gibt es die anderen, die Fanatiker, die jede Forderung an andere mit dem Willen Gottes begründen. Unsere Geschichte ist voll davon, und dass solche Worte immer noch ihren Ausschlag geben im Zusammenleben von Gemeinschaften, dass sie Wahlen beeinflussen, dass sie gewählte Führer in einem gottgleichen Sieger sehen wollen, dem sie blindlings folgen, das macht mich fassungslos. So, als hätten wir nichts gelernt.

Überhaupt ist die Verquickung von Religion und Staatsgewalt schon immer verheerend gewesen, und es gibt nur wenige Beispiele von verantwortungsvollem Handeln eines geistlichen Führers, der im Sinne von Gerechtigkeit für alle seine Untertanen zu ihrem Wohl entschieden hat. Zumeist wurde eine Gruppe bevorzugt behandelt. Und dass dieses nicht die Frauen waren und immer noch sind, wird uns erschreckend bewusst, wenn wir an die verzweifelten Versuche der Frauen denken, sich aus der Verdammung zu einem unwerten Leben befreien zu wollen. Wie kann es sein, dass einer Hälfte der Bevölkerung eine Macht verliehen wird im Namen eines Gottes, der dieses angeblich angeordnet hat? Dass es Frauen verwehrt wird, sich zum Wohle der anderen einzusetzen, weil sie dieses nicht nur für wichtig erachten, sondern weil es einfach wichtig ist. Wer bringt die Kinder zur Welt, nährt sie, erzieht sie, kocht für sie, damit sie am Leben bleiben. Dieses dürfen, nein müssen sie unter der Scharia auch. Aber Frauen dürfen nicht auf diese Funktion reduziert werden. Sie sind diejenigen, die für ein Gemeinwohl sorgen, sei es in der Familie oder in größeren Einheiten. Sie sind der wertvollere Teil der Gesellschaft, weil sie sie aktiv durch ihr vielfältiges Tun erhalten. Dieses nicht zu würdigen, ist ein rundum dummes und ehrloses Verhalten. Keiner darf die Hand schlagen, die einen nährt. Keiner darf einem anderen seinen Willen aufzwingen.

Es müssten alle Frauen, denen dieses Grundrecht verwehrt wird, Glaubensgemeinschaften und Staaten verlassen und die Männer ihre Sache allein durchziehen lassen. Leider ist das nicht möglich. Und die Männer würden alles daransetzen, ihre Frauen noch mehr zu unterdrücken.

Aber in allen Religionen fand ich auch Erfreuliches: den Wunsch nach Gemeinschaft. Religiöse Gemeinden haben Rituale ausgebildet und sie im Ablauf des Lebens verankert. Das Jahr wird gegliedert durch Feste, durch gemeinsam verlebte Höhepunkte. Das bringt Farbe ins Leben, holt uns heraus aus dem Alltag, fordert uns auf zu gestalten und zu handeln. Jede

Religion für sich hat durch ihre Glaubensgrundsätze im Zusammenklang mit den Traditionen des jeweiligen Volkes eigene Formen entwickelt, in denen sie auch zeigen kann, zu welchen kulturellen Leistungen sie fähig ist. Sie prägt das Besondere aus. Und dieses verankert sich von Kindesbeinen an in den Menschen und sorgt für liebens- und lebenswerte Erinnerungen. Und immer spielt die Familie eine tragende Rolle. Religion sorgt für den Zusammenhalt von Gemeinwesen über die religiöse Verbundenheit hinaus, und wenn wir genauer hinsehen, werden die religiösen Rituale zunehmend von dem überlagert, was wir eigentlich suchen: die Nähe zu Menschen.

In unserem christlichen Weihnachtsfest entdecke ich solche Strukturen. Hatte dieses Fest früher die Bedeutung, die Freude über die Geburt Jesu auszudrücken und diese in einen Sinnzusammenhang mit dem kirchlichen Jahresablauf zu stellen, ist sie zu einem davon abgetrennten Fest geworden. Wir haben Weihnachten mit einem eigenen Sinn belegt, der sehr profan geworden ist. Weihnachten als Familienfest, Weihnachten in einer Konsumverdichtung. In den Medien geht es um Geschenke, die rechtzeitig gekauft werden sollen, um ein gutes Essen - da reicht keine schlichte Suppe -, um eine geschmackvolle Dekoration. Es geht um den Weihnachtsmann, vornehmlich den rot-weiß-schwarzen aus der Coca-Cola-Werbung, der Geschenke bringt. Und eigentlich weist nichts mehr auf den Ursprung des Geschenkes eines zur Welt gekommenen kleinen Kindes hin, das für uns zu einer wichtigen Bedeutung geworden ist.

Und doch können wir uns nicht ganz frei machen vom Ursprung dieses Festes. Zu Weihnachten sind die Kirchen voll, vor allem, wenn ein Krippenspiel stattfindet. Und wenn die eigenen Sprösslinge mitspielen, wandern die Gedanken in die Kindheit zurück und stimmen uns melancholisch. Wie war es damals aufregend, wie sehr konnte ich mich freuen über all das, was so besonders war. Und meine Kinder werden das auch in ihr Leben mit hineintragen. So entsteht eine Kette geprägt von Festen, die durch eigene Rituale das gesamte Leben gliedern und durchziehen und es bebildern.

In der weihnachtlichen Musik zeigt sich der Wandel zu einem profanen Fest deutlich. Die Werke alter Meister haben ihren Raum erhalten können und gehören für viele zu einem Klangereignis der Weihnachtszeit. Kinderlieder, die sich früher doch eher mit dem Christkind und dem Geschehen rund um die Geburt befasst hatten, werden in die Küche verlegt. "In der Weihnachtsbäckerei" als zur Zeit beliebtestem Weihnachtslied der Kinder wird das besungen, was uns zur Weihnachtszeit umtreibt: die Vorbereitung auf ein Fest. Und dass Kinder durch das Keksebacken eine wichtige Aufgabe übernehmen und da hineinwachsen, ist für ihr weiteres Leben nicht zu unterschätzen.

Einmal ging ich am Vormittag des Heiligen Abends einkaufen. Zwei Junge Kerle vor mir stöhnten sich vor: „Ist das langweilig! So ein lahmer Tag!" Ich hätte sie schütteln mögen. Zuhause wühlt eine Mutter seit Wochen schon im Sinn von einem gepflegten Weihnachtsfest durchs Haus, putzt, backt, kocht, schmückt, bastelt, kauft, packt ein, schreibt und noch vieles mehr, nur damit die Familie zu einem erfüllenden Fest zusammenkommen kann. Und die Sprösslinge lassen arbeiten. Hauptsache die Geschenke stimmen, die sie selbst bekommen. Schließlich ist Weihnachten, das Fest der Liebe.

„Coming home for Christmas" zeigt einen etwas anderen Schwerpunkt: die Sehnsucht nach Geborgenheit. Ich komme zu meiner Familie zurück, wenigstens für eine kurze Zeit, und da ist mir alles vertraut, da bin ich zuhause, da fühle ich mich mit den Meinen wohl. Ein Lebenscredo.

Aber diese muss nicht zu Weihnachten sein. Für andere Kulturen ist es das Neujahrsfest. Da fährt man durchs Land, nur um an diesem Tag zuhause zu sein und das neue Jahr mit vielen guten Wünschen für weitere 365 Tage zu beginnen. Menschen haben sich zu allen Zeiten und in allen Kulturen Feste geschaffen, die ihnen Freude bereiteten durch ein gemeinsames Erleben.

Zu dieser Gemeinsamkeit gehört oftmals das Besinnen darauf, dass es anderen nicht so gut geht. Spendenaktionen rufen dazu auf, sich um Gerechtigkeit in der Welt zu kümmern. Man wendet sich dem Nächsten zu, um ihn satt zu machen, ihm ein besonderes Mahl zu gönnen. Oder um hier und in der weiten Welt soziale Projekte zu unterstützen. Man könnte es das ganze Jahr tun und viele machen das auch. Aber Feste scheinen in sich einen Auftrag zu entwickeln, die Welt um uns kritischer zu betrachten und uns selbst aufzufordern zu helfen. Suppe zu kochen.

Religionen haben sich in unserer Zeit deutlich gewandelt. Sie sind weltoffener geworden und wenden sich eher den Bedürfnissen der Menschen zu. In welcher Religion auch immer sehen wir eine verstärkte Säkularisierung, aber auch die Gegenbewegung, sich auf den Ursprung zu beziehen mit seiner Aussage und seinen Regeln. Diese orthodoxen Gruppierungen haben ihr Leben mit ihren Anschauungen in einer Vergangenheit festgesetzt, die wichtige Forderungen nach einem kritischen Umdenken nicht sehen will. Ihr Seelenheil liegt fest vertäut auf dem Ankerplatz ihrer religiösen Anschauung.

Bei „meiner" Kirche, der römisch-katholischen, sehe ich beide Richtungen. Sie hat sich der Evangelischen Kirche zugewandt, erkennt nicht nur ihre Existenz an, sondern weiß auch um die Notwendigkeit der damaligen Reform-bestrebungen. Noch vereinigen sie sich nicht zu einer einzigen „Christlichen Kirche", aber es werden Vorschläge laut, in einem gemeinsamen Religionsunterricht auch andere Religionen mit einzubeziehen. Was für ein umwerfender Gedanke, sich von den Begrenzungen einzelner Religionen dem zuzuwenden, was uns alle verbindet: die Sorge für ein gemeinsames Leben auf dieser Erde.

Ob nun der Vatikan dieses Vorhaben unterstützen wird, bleibt offen, aber der Synodale Weg ist in Arbeit. Es sind viele Gedanken angeregt und zugelassen worden, die die Kirche bislang vehement abgelehnt hat. Und so sehr einzelne Länder grundlegende Forderungen stellen, wird es nur in einem gemeinsamen Reformvorhaben verwirklicht werden können. Deutschland fordert vor allem, die Stellung der Frau in der Kirche zu überdenken. Sie sollen gleichwertig ein Priesteramt übernehmen können. Dass sie dazu fähig sind, beweist die Evangelische Kirche seit Jahrzehnten. Und auch wenn der Start damals noch holprig war: Heute könnte die Kirche ihre seelsorgerischen Aufgaben nicht mehr ohne sie erfüllen.

Wie sieht die katholische Kirche überhaupt die Frau? Als Kind habe ich sie wahrgenommen als Putzkraft im Hause des Herrn, und eben auch als Haushälterin des Pfarrers. Aber als Ehefrau, als verständnisvolle und das Leben gestaltende und bereichernde Gefährtin an der Seite eines Geistlichen? „Der Pfarrer hat seine Zeit voll und ganz der Gemeinde zu widmen", wurde uns erklärt. „Und er soll sich davon nicht ablenken lassen." Dass „Mann" sich durchaus ablenken ließ, zeigen die Enthüllungen der Missbrauchten in aller erschreckender Deutlichkeit. Eine liebende Ehefrau nicht, Liebesforderungen an Kinder ja. Vermehrte Kirchenaustritte dokumentieren den Unmut der Gläubigen, und das wird die Kirche auf Dauer nicht verschmerzen können. Die Glorie des Vatikans bröckelt, der exklusive Männerstaat wird sich besinnen müssen.

Meine Gedanken richten sich an den Sinn unseres Lebens hier auf der Erde. Jedes Lebewesen ist von Natur aus eingerichtet und darauf ausgerichtet, Nachkommen zu produzieren. In der Tierwelt geht es im männlichen Werbungskampf darum, nur dem Stärksten zu erlauben, seine Gene weiter-zugeben. Die katholischen Priester zählen sich zu den Stärksten im Glauben, sie sind „Seelenhirten" und könnten an ihre Kinder ihre lobenswerten Eigenschaften in den Genen wie auch in der Erziehung weitergeben. Warum wird ihnen das verwehrt? Es ist nur ein Paradoxon von den vielen, die ich nicht verstehe.

Ich bin froh, heute offen darüber reden zu können und zu dürfen, dass ich weder „böhmisch" noch „römisch-katholisch" sein will. Ich will mich von keiner Religion mehr beengen lassen in meiner Art zu denken. Denn ich weiß, dass ich die so explizit als „christliche Werte" dargestellten Grundgedanken auch ohne Kirche im Hintergrund verwirklichen kann. Und ich muss keinen fragen, ob ich das so tun darf. Ich will entscheiden und mich selbst zur

Rechenschaft ziehen können. Ich möchte alle Religionen dieser Welt auffordern, sich selber zu überdenken und sich klar zu werden, was sie zum Wohl unserer Welt beizutragen gedenken. Bislang haben sie die Völker, die die Welt in ihrer Natur erhalten wollten und wollen, die Indigenen, bekämpft und vernichtet. Statt dessen haben sie in ihren Gottesstaaten nicht verhindert, dass unsere Erde in ihrem jetzigen Zustand zu größter Sorge Anlass gibt.

7. Philosophie

Wie aber steht es mit der Philosophie, mit der Suche nach der Weisheit?

Im Studium wollte ich es wissen. Philosophie schien mir das Studienfach zu sein, das mir auf meine vielen Fragen antworten konnte. Ich schlug mich herum mit Existenzialismus, mit Nihilismus und vielen anderen Strömungen, begrenzte Themen, die angeboten wurden, und konnte doch nur wenig mit den Aussagen anfangen. Ich war nun mal auf der Welt und wollte diese Existenz nicht infrage stellen. Mit Menschen, die am Leben zweifelten, wollte ich nicht konkurrieren. Dann schon eher Kant. Immanuel Kant mit seiner praktischen Vernunft und klaren Aussagen. Sein kategorischer Imperativ traf auf etwas in mir, wonach mein bisheriges Leben ausgerichtet war.

„Handle so, dass die Maxime deines Willens jederzeit zugleich als Prinzip einer allgemeinen Gesetzgebung gelten können."

Ganz so unumstößlich wollte ich es für mich nicht in Anspruch nehmen. Aber vernünftig zu überlegen, ehe ich handelte, das fand ich angebracht. „Was kann ich wissen?" „Was kann ich tun?" Die Frage war nur, wie ich die vielen Gedanken und Verhaltensnormen eines so vielgestaltigen Lebens mit allen Anforderungen darin unterbringen konnte. Wer hatte das Sagen. Ich oder meine Familie? Ich oder die Kirche? Ich oder die Gesellschaft? Wonach hatte ich mich zu richten?

Aufgewachsen war ich mit den Erziehungsgrundsätzen meiner Eltern. Vor allem sollte ich gehorchen. Auch wenn ich manches als ungerecht empfand, auch wenn ich gegen manches innerlich rebellierte, richtete ich mich ein in einem Raster an Gehorsam. Das funktionierte, denn als Gegengabe bekam ich Fürsorge und Lob. Und überhaupt eine Familie, in der ich mich rundum geborgen fühlen konnte.

Am Anfang fiel es mir nicht schwer, das gehorsame Verhalten auch auf die Kirche zu übertragen. Der Katechismus gab die Regeln vor und danach hatte ich mich zu richten. Das tat ich auch, denn anscheinend musste man zu einer Kirche gehören. Alle gehörten zu einer religiösen Verbindung, da wollte ich nicht draußen stehen. Und neben den Verpflichtungen hatte ich ja auch Vorteile: In Jugendgruppen konnte ich vieles lernen und gemeinschaftlich erleben. Das war was. Dass sich erst langsam ein Grummelgefühl im Bauch einstellte, vor allem bei den verordneten Beichten, versuchte ich zu verbergen. Zweifel an Grundsätzlichem entwickelten sich erst später.

Und die Normen der Gesellschaft? In der Zeit nach dem Krieg ging es bergauf. Fortschritt war angesagt und mit dem schritt man fort. In geordneten Bahnen und vorgegebenen Verhaltensmustern. Noch durfte man die nicht infrage stellen, und das tat man auch nicht. Zumindest vorerst nicht. Ich hatte ja auch Privilegien, das Land Niedersachsen ermöglichte mir das Abitur zu machen, für ein Mädchen damals nicht selbstverständlich. Aber in der Schule galt nicht das Geschlecht, sondern die Leistung. Und so wurde es für mich selbstverständlich, studieren zu können und einen Beruf zu haben, in dem ich gleichwertig mit meinen männlichen Kollegen arbeiten konnte und bezahlt wurde.

Erst durch das Aufbegehren der Frauen im Nachklapp der Studentenrevolution wurde mir deutlich, dass nichts selbstverständlich war und eben auch nicht als selbstverständlich hingenommen werden durfte in unserer Gesellschaft. Ich merkte, dass mein so gut gegründetes Weltbild ins Schlingern kam.

Erstaunen darüber, was ich an Ungerechtigkeit um mich herum entdeckte, Verwirrtsein darüber, dass ich ungerechtes Verhalten mir gegenüber schmerzlich wahrnahm. Wie sollte ich mich wehren? Mit welchen Argumenten? In einer Zeit, die der Frau immer noch weniger Rechte zugestand als den Männern, und in deren Köpfen galten fordernde Frauen erst recht als abartig und widerlich.

Hab Sonne im Herzen ob's stürmt oder schneit,
ob der Himmel voll Wolken, die Erde voll Streit,
hab Sonne im Herzen, dann komme was mag,
das leuchtet voll Licht dir den dunkelsten Tag!

Hab ein Lied auf den Lippen mit fröhlichem Klang,
und macht auch des Alltags Gedränge dich bang...
hab ein Lied auf den Lippen, dann komme was mag:
das hilft dir verwinden den einsamsten Tag!

Hab ein Wort auch für andre in Sorg und in Pein
Und sag was dich selber so frohgemut lässt sein...
Hab ein Lied auf den Lippen, verlier nie den Mut,
hab Sonne im Herzen und alles wird gut.

Dieses Gedicht hing bei meiner alten Tante in der Küche. Und scheinbar habe ich es in mir aufgesogen, sooft ich daran vorbeiging. Hab Sonne im Herzen, diese Worte kennt wohl jeder, oder muss ich sagen: jede Frau? Dieses Gedicht, von einem Mann geschrieben, war sicher nicht nur an Frauen gerichtet. Aber vor allem Frauen haben es verinnerlicht und daraus Kraft geschöpft. Hab Sonne im Herzen und alles wird gut. Alles nicht so schwernehmen, sich nicht daran aufreiben. Man kann ja sowieso nichts ändern. Oder eher: Man kann die anderen nicht ändern, man muss sie hinnehmen und sich nicht beirren lassen in dem, was man tun sollte. Hab ein Wort auch für andre in Sorg und in Pein...

Der kategorische Imperativ eines Immanuel Kant war den meisten Frauen unbekannt. Durften sie doch, als dieses Gedicht um 1900 von Cäsar Fleischlen geschrieben worden ist, nicht „gelehrt" sein. Das heißt, wenn ihnen das Abitur nicht ermöglicht wird, haben sie auch keine Chance zu studieren. Und selbst, wenn sie ein Studium mit einem Diplom abschließen konnten, bedeutete das immer noch nicht, dass sie ihren Beruf ausführen durften.

Ein solcher Satz, wie Kant ihn formuliert hat, war auch nicht an Frauen gerichtet. Das „Prinzip einer allgemeinen Gesetzgebung" war ihnen fremd, denn von jeder Regierungstätigkeit waren sie ausgeschlossen. Und die „Maxime deines Willens"? Durfte eine Frau überhaupt wollen? Ihr war voll und ganz die Fürsorge für ihre Familie übertragen und in diesem Rahmen gab es Pflichten. Mehr als genug und als ein Tag Stunden hatte. Wenn Kant unter „Maxime" ein „subjektives Gesetz versteht, nach dem man wirklich handelt", dann brauchten die Frauen keinen Begriff dafür, denn sie haben den ganzen Tag „gehandelt" und das nicht im Kant'schen Sinne im Bewusstsein eines Prinzips. Einen Sinn brauchten sie nicht zu suchen, denn er war ihnen auch per Gesetz auf den Leib geschrieben: Das Wohl der Familie hat der Sinn deines Lebens zu sein und damit basta.

Wenn Frauen fast erdrückt wurden durch die Last, die ihnen aufgebürdet wurde, konnten sie durchaus Trost finden in den Zeilen „Hab Sonne im Herzen...". Das war ihre Philosophie. Und sich selbst nicht so wichtig zu nehmen in ihren Wünschen, haben sie sich selbst verordnet.

Meine Mutter schrieb mir in mein Poesiealbum:

„Stürmt das Glück auf flücht'gen Sohlen
ohne Acht vorbei an dir,
hetze dich, es einzuholen,
nicht zu Tod in heißer Gier.
Lass es fahren! Auch auf Wegen,
die das Glück nicht wandern will,
leuchtet grüßend dir entgegen
manche Blume, schön und still.

Had're nicht mit deinem Sterne!
Meistre mutig dein Geschick.
Lebe! Liebe! Lache! Lerne
glücklich sein auch ohne Glück!"

Ich denke, genau das war ihre Maxime. Glücklich sein auch ohne Glück. Und die Frage nach dem Glück ist wirklich eine philosophische. Worin liegt Glück? Habe ich Glück oder bin ich glücklich? Immer ist es ein Wechselspiel zwischen meinem Handeln und meinem Empfinden. Jeder Mensch sucht nach seinem Glück, oder vielmehr: Er möchte glücklich sein. Und das Rezept dafür? „Hab Sonne im Herzen ob's stürmt oder schneit..." oder eben auch: „Lebe! Liebe! Lache! Lerne glücklich sein auch ohne Glück!"

Meine Mutter hinterließ mir ein handgeschriebenes Büchlein voller Verse. Und jede Geburtstagskarte wurde mit einem Spruch aus diesem unerschöpflichen Vorrat geschmückt. Für alle Lebenslagen gab es ein gereimtes eingängig geschriebenes Lebensmotto. Die Philosophie der Frauen. Die großen Gedichte stammen eher von Männern, die kleinen, die ganz kleinen, eher von Frauen. Die hat man gestickt und in einem Rahmen ins Wohnzimmer gehängt:

„Trautes Heim Glück allein", ein Spruch als Leitbild für ein gesamtes Leben.

Oder auch „Morgenstund hat Gold im Mund!" Das fand eher in der Küche Platz.

In erster Linie waren die Sprüche Aufforderung, klaglos zu arbeiten, und eben auch klaglos zu verzichten. So funktionierte frau im eigenen Leben für die größere Einheit, die Familie. Zumindest war das ihr Lohn, wenn die Familie dann auch „funktionierte".

Mit Sprüchen sind wir alle aufgewachsen. Unser Poesiealbum gehörte von dem Tag an zu uns, wenn wir halbwegs zügig schreiben konnten. Und es war eine Last, für andere zu schreiben und eine Freude, von anderen etwas geschrieben zu bekommen, hoffentlich auch beklebt mit bunten Lackbildern. Immer war Gefühl dabei, viel von Liebe und Glück die Rede. Manchmal aber auch schlichte Lebensregeln großer Meister: „Es gibt nichts Gutes, außer man tut es!" So mancher Spruch wie dieser ist uns in Erinnerung geblieben und es lohnt, sich noch einmal mit Abstand eines langen Lebens zu vergraben in all die Sinnsprüche, die jemals von den Großen Denkern des Altertums bis heute aufgeschrieben worden sind. Lebensregeln.

Früher schlichte Weisheit, heute eher witzige Bemerkungen mit sprachlichem Pfiff. Zum Schmunzeln und Nachdenken.

Bleiben wir noch einmal bei unserem Poesiealbum. Kaum einer hatte zuhause eine gedruckte Sammlung an geeigneten Sprüchen. Was sollte man schreiben? Was einem Adressaten aus einem anderen Geschlecht? Man tat sich schwer. Und wenn einem gar nichts einfiel dann schrieb man:
„In allen vier Ecken soll Liebe drin stecken!" und malte in jede Ecke ein Herz. Das war Hinweis genug und unverbindlich genug. Und jeder wusste, dass es eine Notlösung war.
Ich möchte diesen Satz einmal philosophisch angehen. "Du erkennst eine gute Hausfrau daran, wenn du in die Ecken guckst" ist eine Weisheit, die manche Hausfrau in die Knie gezwungen hat, um als solche zu gelten. Schmutz in den Ecken aufzusuchen ist eine Sache, Not und Elend eine durchaus gewichtigere. Und wenn wir Liebe mit Hingabe, mit Helfenwollen, mit Kümmern gleichsetzen, wenn wir in die Nischen des Lebens schauen wollen, dann füllen wir den unverbindlichen Kinderspruch mit einem realen Sinn auf der Sinnsuche unseres Lebens.

Bleiben wir in der Küche:

„Fünf sind geladen, zehn sind gekommen, schütt Wasser zur Suppe, heiß alle willkommen!" Suppe kochen für jeden, auch wenn er nicht geladen ist. Könnte ein solcher Spruch zur Maxime des Handelns in einer Gesetzgebung Platz finden? Wir gehen von unserem heutigen Bewusstsein aus, das wir in unserem Grundgesetz verankert sehen. Wir wollen Menschenrechte achten, wollen jedem auf dieser Welt seine Würde lassen. Wir wollen jedem seine Suppe gönnen. Das war nicht immer so und manche Gesetzgebung hat genau dieses missachtet. Darauf können wir uns also nicht verlassen. Worauf sollten also die Maxime einer allgemeinen Gesetzgebung ruhen?

Unsere Altvorderen haben einen Spruch geprägt, der uns allen bekannt ist:

„Was du nicht willst, das man dir tu, das füg auch keinem andern zu!"

Die Spontisprüchler machten daraus:

„Was du nicht willst, das man dir tu, dann tu's doch nicht, was willst du denn!"

Es wäre sinnvoll, diesen Spruch im Alltag zu seiner Maxime zu erheben.

8. Was will ich denn?

Ich will selbst entscheiden können. Und ich will das dürfen. Ich will mir nicht dieses Recht erkämpfen müssen. Überall auf der Welt gehen Menschen auf die Straße, weil sie in diesem ureigensten Lebensentwurf beschnitten werden. Von den Frauen habe ich bereits gesprochen, aber es sind viele andere Gründe der Unterdrückung, die zu einem offenen Widerstand herausfordern. In unserem Grundgesetz ist die friedliche Demonstration als Recht verankert. Ich darf offen sagen, was ich will und was nicht. Auch wenn so manche Demonstration uns die Haare zu Berge stehen lässt: Wofür demonstrieren die eigentlich? Will ich das auch? Was könnte das für Folgen haben? Macht mir das nicht Angst, wenn andere so denken? Das ist so in einem Land, in dem demokratische Grundrechte gelten. Wir müssen sie uns immer wieder von neuem erarbeiten.

Dass dieses Selbst-entscheiden-Können nicht immer leicht ist, zeigte mir ein Gespräch mit einer jungen Freundin. Sie stand am Anfang ihres Lebens und hatte ihr Studium beendet. „Mich für ein Studium zu entscheiden, fiel mir nicht schwer. Ich wusste, was mir lag. Aber es geht ja weiter mit dem Entscheiden. Wo will/kann ich meinen Beruf ausüben? Deckt sich das mit meinen Vorstellungen oder soll ich ablehnen, mich woanders bewerben? Was setze ich bei meinem Arbeitgeber voraus? Was kann ich einfordern? Und im Privaten: Wen will ich heiraten? Den einen oder einen anderen? Wem den Laufpass geben? Welche Qualitäten sollte mein Mann haben? Auf welche Eigenschaften kann ich mich verlassen? Welche werden für mich wichtig sein? Wie muss ich mich absichern im Fall, dass wir auseinandergehen? Und die Sache mit den Kindern. Ich kann heute selbst entscheiden, ob und wenn ja, wann ich Kinder haben möchte. Und wenn mein Arzt mir von einer Fehlbildung meines ungeborenen Kindes berichtet, soll ich die Schwangerschaft abbrechen und damit mein Kind töten, oder das Kind austragen und mit allen Konsequenzen in meinem Leben aufnehmen?"

Ich verglich diese Aussage mit meinem Erleben. Ich war einfach blauäugiger. Vertrauensseliger. Es wird schon gut werden, weil ich darauf vertraue, dass mein Mann ebenso wie ich nur das Beste will. Konnte ich mich wirklich darauf verlassen?
Meine Mutter hatte einen Spruch dafür: „Hättst'n

andern geheiratet, wär's auch nicht besser gewesen!" Ein Spruch der auf Erfahrung beruht und sicher einen Kern an Wahrheit enthält.

Es ist so: Sobald ich mich entscheide, richte ich mein Leben auf dieses Ziel aus und muss mit den Konsequenzen leben. Koche ich eine Suppe und die gelingt mir nicht, schütte ich sie weg und koche eine neue. So einfach ist das. Aber je weitreichender die Entscheidungen sind, umso schwerer ist es, sich neu zu orientieren. Alle Eltern wissen, wie schwer es ist, mit den Kindern umzuziehen und sie aus ihrem Freundeskreis und der Schulgemeinschaft herauszureißen. Gerade diese emotionalen Brüche tun weh. Und die Kinder kommen mit einem Ortswechsel viel besser zurecht, wenn sie es selbst auch wollen.

Ein Satz wie der Kant'sche kategorische Imperativ hört sich im ersten Moment sehr einleuchtend an. Aber in der Realität? Soll ich in der Familie eine allgemeine Gesetzgebung einführen, in der jeder wiederum das Recht hat auf die Verwirklichung seiner Rechte? Was hat nicht schon zu Zeiten der Schaffung unseres Grundrechtes die Annahme an Wirbel ausgelöst, dass Mann und Frau vor dem Gesetz gleich waren und dadurch eben auch gleiche Rechte haben sollten. Vorher war es ja so einfach: Der Mann hatte das Aufenthaltsbestimmungsrecht für die ganze Familie. Was Vater beschloss, wurde getan. Gemurrt wurde im Geheimen.

Und doch ist es so wichtig, sich seiner Entscheidungspflicht bewusst zu werden. Eigentlich entscheide ich mich immer: ob ich überhaupt aufstehe, was ich essen möchte, was eingekauft werden sollte. In meinem Beruf wird danach weniger gefragt, was ich will, sondern was meine Aufgaben dort sind, und das habe ich zu tun. Aber zuhause geht das Entscheiden weiter, und wenn mir jemand in der Familie dauernd meine Entscheidungen abnimmt, fühle ich mich fremdbestimmt und nicht für voll genommen. Wie oft erklingt der Satz: „Warum hast du mich nicht gefragt?!"

Das Entscheiden gehört zu unserem selbst-bestimmten Leben. Und es ist schwer genug, sich immer wieder die Konsequenz wach zu rufen, die meine Entscheidung bestimmt, vor allem, wenn sie die freie Entscheidung des anderen tangiert oder sogar beschneidet. Und doch wissen wir: Will ich etwas wirklich, tue ich es aus vollstem Herzen, mit Engagement und Hingabe. Und das merkt man an der Qualität meines

Einsatzes und meiner Arbeit.

Eine Lebensweisheit, Mitte des 19. Jahrhunderts von dem österreichischen Dichter Friedrich Halm in die Welt gesetzt, hat sich bis heute erhalten:

Ich will! – Das Wort ist mächtig,
Spricht's einer ernst und still:
Die Sterne reißt's vom Himmel
Das eine Wort: Ich will!

9. Auf der Suche nach dem rechten Weg

Wenn ich mich entschieden habe, wenn ich wirklich etwas will, dann steht die nächste Aufgabe an: Auf welchem Weg führe ich das durch? Welcher ist solide, begründet, entspricht meinen bisherigen Erfahrungen?

Sich dabei auf ein fremdes Territorium zu begeben, liegt uns nicht. Wir haben bislang in unserem Handeln Verhaltensmuster entwickelt, die im positiven Fall uns die Sicherheit einer richtigen Entscheidung gaben, im negativen sind wir auf die Nase gefallen und haben vielleicht daraus gelernt. „Wenn man die Buchstaben von F-E-H-L-E-R neu zusammensetzt, kommt H-E-L-F-E-R heraus," klärte mich mein 9-jähriger Enkelsohn auf, und damit hat er Recht. Fehler helfen uns zu sortieren: Das ist gut, das weniger, das sollte ich lassen. Und somit kann ich meine Richtung festigen.

Das Grundgesetz gibt uns bei Entscheidungen des Rechtes die Grundlage vor. Nach den feststehenden Paragraphen, die alle Lebensbereiche abdecken, wird geurteilt. Und in unserer Demokratie wird darauf geachtet, dass die Entscheider unabhängig von jeglicher Vorteilsnahme, jeglichem Lobbyismus agieren. Eine unabhängige Gesetzsprechung, die jeder Verurteilte auch noch anfechten kann, wenn er sich ungerecht bewertet sieht. Das ist noch nie selbstverständlich gewesen und ist es auch heute nicht.

Nun laufen wir nicht mit dem BGB unter dem Arm durchs Leben. Wir entscheiden oft aus dem Bauch heraus und fällen unsere Entscheidungen spontan und voreilig. Danach kommen wir ins Grübeln. War das so richtig, und wenn nicht, wie komme ich aus dem Dilemma wieder heraus? Dazu zu stehen und es wieder zurecht zu biegen, fällt nicht leicht. Das bedeutet Arbeit an sich selber und vielleicht einen Gesichtsverlust. Oder den gerade nicht? Vielleicht schätzt man das Eingestehen von Fehlern und erhält dafür Achtung. Es scheint nicht leicht, als recht-schaffener Mensch durchs Leben zu gehen. Und die Reichweite für ein Verhalten hat sich durch die Medien schier ins Unendliche erweitert. In den Sozial-Media-Plattformen kann ich mich als Person verstecken und muss nicht meine unqualifizierten Beleidigungen verantworten.

Das wollen wir nicht. Der Weg unserer Entscheidung soll auf festem zuverlässigem

Boden stehen. Und das bedeutet, dass wir uns verlassen wollen. Z. B. auf eine Regierung, die sich für uns einsetzt und das Beste für unser Staatsgefüge will. Täglich nehmen wir wahr, wie schwierig diese Aufgabe ist und wie es zu jedem Argument dafür auch eins dagegen gibt. Und die Vergangenheit hat uns allzu deutlich gezeigt, wie fatal eine blinde Obrigkeitshörigkeit ist. Ein kritisches Denken scheint immer angesagt zu sein.

Aber was ist die Voraussetzung zu einem kritischen Denken? Im besten Fall weiß ich einen anderen Weg, der Vorteile verspricht. Oftmals ist es aber auch nur ein Unwohlsein, das mir im Hinterkopf sagt, dass dieser Weg Tücken hat, die ich aber nicht klar benennen kann. Und das heißt für mich, mich zu informieren, mir Durchblick zu verschaffen. Das bedeutet Arbeit und auch die Bereitschaft, meine Vorstellungen ändern zu wollen. Sich zu entscheiden bedeutet immer die Auswahl zu haben zwischen verschiedenen Wegen.

Aus den vielen Themenbereichen, die ich dazu anführen könnte, möchte ich einen heraus- nehmen, der für mich wichtig geworden ist. Und der für jeden wichtig ist, denn nichts liegt dem Menschen so nahe wie seine Gesundheit. Und diese Gesundheit legen wir allzu gerne in die Hände eines fähigen Mediziners, voller Vertrauen darauf, dass er die richtige Diagnose stellt und in einem Behandlungsplan für die Wiederherstellung meiner Gesundheit sorgt. Wer das erlebt, ist dankbar und voll des Lobes für unsere heutige Medizin.

Aber nicht immer und zur Zeit verstärkt melden sich Stimmen, dass unser System selbst krank ist und demnach auch nicht für meine Gesundheit effektiv sorgen kann. Und das nicht nur, weil Personal fehlt, dass die aktiv Tätigen überlastet sind und Krankenhäuser die Kosten nicht mehr stemmen können. Das geht durch die Medien und macht uns Angst. Doch dazu gibt es noch eine unbestimmbare Angst, dass dieser Weg, der von der pharmazeutischen Industrie belegt ist, vielleicht doch nicht nur gut sein kann. Der Contergan-Skandal hat uns damals erschreckend die Folgen auch nur einer einzigen Tablette gezeigt, die für das Kind fatale Auswirkungen hatte. Kann ich mir sicher sein, dass durch meine Tabletteneinnahme nicht auch in meinem Inneren neue Krankheiten ausgelöst werden, die ich als Folge zwar vermuten, aber nicht beweisen kann. Die Schulmedizin erklärt ihre Behandlungen - und damit meine ich nicht die Unfallchirurgie, die Zahnmedizin, Augenerkrankungen und Reparaturen im weitesten Sinn - selbst als ein Einwirken auf ein Symptom, und Ärzte stellen eine grundsätzliche Heilung nicht unbedingt in Aussicht. Bzw. kann man nicht klar benennen, warum der eine damit tatsächlich gesund wird, ein anderer nicht. So bleibt auch für die Ärzteschaft vieles im Körper im Unklaren. Bei uns, den Patienten, erst recht.

Wie also soll ich mich entscheiden, wenn ich darum weiß, dass selbst der vertrauens-würdigste Arzt im Zweifel ist, ob eine Behandlung meine Gesundheit voll wieder herstellt. Und vertraue ich den sicheren Aus-sagen eines Mediziners, kann ich ihn kaum dafür haftbar machen. Und mit den Folgen werde ich leben müssen.

Was also tun?

Ein ALDI-Erlebnis brachte mich zum Schmunzeln.

Ich tütete gerade meine Bananen ein, als ich bei den Tomaten eine Stimme hörte. Anscheinend unterhielten sich dort Leute über Krankheiten. Eine Frau sagte: „Ich halte es so wie meine Mutter, die hatte einen guten Spruch drauf: Wenn ich etwas habe, gehe ich zum Arzt, denn der will ja leben. Der schreibt mir ein Rezept aus, mit dem gehe ich zum Apotheker, und hole mir die Medikamente, denn der will ja auch leben. Und dann gehe ich nach Hause und werfe die Medikamente in den Müll, denn ich will erst recht leben."

Erst recht leben ohne Medikamente. Geht das überhaupt? Sicher kann man es nicht verallgemeinern und bei manchen Krankheiten sind Medikamente unerlässlich. Aber auch bei ihnen bröckelt die Zustimmung, auch von Ärzten, die vor einer dauerhaften Einnahme warnen. Und so manches stimmt nachdenklich. Lese ich die Beipackzettel, wird mir angst und bange. Sie scheinen immer länger zu werden und weisen auf dermaßen viele Nebenwirkungen hin, sodass ich mich frage, ob sie überhaupt für etwas gut sein können. „Wir wollen Ihnen doch nur helfen," sagte ein Arzt zu einem Patienten, den die Schmerzen einer Fibromyalgie fast an den Rand eines Suizids getrieben hatten. Und was steht im Beipackzettel des verschriebenen Medikamentes? Dass eine Folge der Einnahme ein Suizid sein könnte.

Fragen Sie ihren Arzt oder Apotheker doch einmal, ob es auch andere Wege gibt, ohne Medikamente mit einer Krankheit fertig zu werden. Der Blickpunkt verlagert sich dann von einem „Bekämpfen eines Missstandes" auf ein „Unterstützen des Körpers", dass er mit dem Missstand selbst fertig wird. Hilfe zur Selbsthilfe statt Eingriff in ein homogenes System. Die Antwort wird sparsam ausfallen. Und das sicher nicht nur, weil es automatisch einen Verdienstverlust nach sich ziehen könnte. Hauptsächlich wird der Rat in Richtung gehen: Leben Sie gesund, treiben Sie Sport, lassen Sie alles weg, was Körper und Psyche belastet, rauchen sie nicht, trinken Sie nicht. Das „Nehmen Sie nicht so viele Medikamente" wird weggelassen, denn das untergräbt die eigene Professionalität. Obwohl es Studien in Amerika eindeutig belegen, dass die Einnahme von Medikamenten zu einer der häufigsten Todesursachen gehört.

Gesundheitsberichte in den Medien propagieren eindeutig eine gesunde Lebenshaltung. Dazu gehört auch das Kochen. Die Zutaten so frisch wie möglich, durch Bio-Anbau unbelastet von giftigen Substanzen. Mit Fertigprodukten schlucken wir nicht nur fragwürdige Mittel zum Haltbarmachen, E-Zahlen weisen uns auf giftige Inhaltsstoffe hin, die in geringem Maße kaum schaden, in Dauereinnahme sicher negative Wirkungen entfalten. Aber weiß ich darüber etwas Genaues? Weiß ich, dass Phosphorsäure als schlichtes Haltbarkeitsmittel meine Knochen angreifen und zu einem Kalkabbau führen kann? Natürlich wird CocaCola bescheinigt, dass ein Glas Cola keine Gefahr mit sich bringt. Aber nicht umsonst füllt CocaCola das braune und süchtig machende Getränk vorwiegend in 1,5l-Flaschen ab, und da ein schal gewordenes Getränk wahrlich nicht mehr schmeckt, schluckt man es zeitnah hinunter und hat somit neben Kaffee und Bier seine Tagesration an Flüssigkeit absolviert. Wir sollen viel trinken. Aber werden wir wirklich aufgeklärt über das gesunde Miteinander in unserem Körper?

Fallen lauern also überall. Ich habe es einfach, wenn ich an meine Suppe denke. Aus besten Zutaten gekocht, habe ich ein gutes Gewissen, sie anzubieten. Und ich käme nicht auf die Idee, in meine Suppe ein paar Pillen einzuwerfen. Sie könnten ja helfen, und im Breitbandspektrum hätte jeder etwas davon. Aber bei meiner Suppe ist es für mich selbstverständlich, dass ich genau das nicht will. Aber wieso sollte ich es wollen, chemische Produkte in meinen Körper zu bringen, die zwar vor der Freigabe evident basiert getestet wurden, später aber in der Praxis nur unzulänglich überprüft werden? Überhaupt sehe ich einen Widerspruch in einer freiwilligen gesunden Kost zu einer verordneten

Einnahme chemischer Substanzen. Was will mein Körper, was braucht er? Aufbau- oder Kampfmittel?

Meinen Weg zu meiner Gesundheit zu suchen, fällt mir wirklich schwer. Vor allem dadurch, dass mir eine andere Sichtweise, nennen wir es eine ganzheitliche, von der offiziell geltenden Medizinrichtung nicht geliefert wird. Vor etwa 100 Jahren hat sich die Medizin entschieden, sich zu einer Pharmazie- und Geräte-Medizin zu entwickeln. Darin hat sie geforscht und ihre Standards festgelegt. Das ist zu einem festen Gerüst geworden, das andere Blickwinkel ausschließt. Dieses Gerüst bildet die Grundlage zu unserem Gesundheitssystem, das auf der Suche nach Krankheiten und ihrer Beseitigung Geldmittel zur Verfügung stellt, sich aber nicht um den Körper in seiner Eigenverantwortung zu seinem Rundum-Gesundsein kümmert. Für das Rundum-Gesundsein gab es keine Forschungs-mittel, keine Lobby, und so sind wir in einer Sackgasse gelandet, die uns jetzt und in Zukunft Schwierigkeiten bereiten wird.

Schwierigkeiten mit meinen jetzigen Entscheidungen habe ich bereits genug. Die Folgen meiner Entscheidung auch in der Zukunft sehen zu wollen, übersteigt eigentlich mein

Begriffsvermögen. Immer haben wir uns entschieden für unser Wohl und Wehe, haben gedacht, das Beste zu erwirken. Und was sehen wir jetzt? Wir haben zu kurz gedacht. Zu egoistisch. Für uns schien es gut zu sein. Für andere? Für später? Die Grenzen unseres Ländles haben sich auch in den Grenzen unseres Denkens festgesetzt. Was galt uns die Weisheit unserer Altvorderen, was haben wir aus ihrer Geschichte gelernt? Was kümmerte uns das Leben der anderen Völker, was ihre Weltsicht und ihre Lebenspraxis? Nun stehen wir in so grundlegenden Realitäten vor einem Scherbenhaufen und wissen, dass wir nur noch Symptome behandeln, nichts aber umfassend wieder in Ordnung bringen können. Zu vieles liegt auf dem Prüfstand und wir merken, dass alles irgendwie miteinander verbunden ist und ein Unheil das andere nach sich zieht.

Und dabei fordern wir das Recht, uns entscheiden zu dürfen. Jeder für sich und seine Ansicht. Das Grundgesetz bildet tatsächlich die Grundlage zu einem Entscheidungsmuster. Aber es hat nicht verhindert, dass wir unsere Umwelt kaputt gemacht haben, dass wir jetzt von Unwetterkatastrophen und Umweltsünden im wahrsten Sinne des Wortes überschwemmt werden. Auch Gott in innigsten Gebeten darum zu bitten, hatte weder im Großen noch im Kleinen Erfolg. Die 10 Gebote weisen Fehlstellen auf. Und alles weist uns darauf hin, dass wir unser Denken infrage stellen müssen, um es neu auszurichten.

Doch in welche Richtung sollte unser Denken gehen? Uns gehen viele Vorschläge durch den Kopf, wie wir z.B. unsere Gesundheit stärken können. Da gibt es offizielle Angebote, aber auch die, die hinter der Hand weitergeflüstert werden. Helfen solche Praktiken wirklich, und wenn ja, warum? Welches Denkmuster leitet sie, ist es positiv ausgerichtet und lenkt meine Gedanken in eine konstruktive Richtung, die es lohnt, weiterentwickelt zu werden? Oder bringt sie mich in eine Sackgasse? Innerlich haben wir Abschied genommen von den festgefügten Wahrheiten der Vergangenheit. Wir suchen nach Neuem, wir wollen Vertrauen aufbauen in unserem Denkmuster, damit es vor uns selbst Bestand hat. Und wir wissen doch zu gut, dass jeder die Möglichkeit hat, dieses Denkmuster nur in seinem Sinne und für sich selber so auszurichten, damit nur er davon profitieren kann.

Wer sagt ihm/ihr/uns, dass es so nicht sein darf? Wer legt eine Richtschnur fest?

Ich möchte mein Suppen-Essen zum Vergleich heranziehen. Keiner gibt mir meine Regel vor, aber ich benutze ein Rezept und meine Erfahrung, um die schmackhafteste Suppe herzustellen, die weitgehend allen schmecken könnte. Ich lenke meinen Blickwinkel auf andere, um ihnen etwas Gutes zu tun. Kaum, um mich im Suppekochen hervorzutun. Die Mühe zahlt sich nicht aus. Aber mit dem großen Topf (5 sind geladen, 10 sind gekommen ...) erreiche ich ein Zusammensein, das gut tut und von den Beteiligten im Hinterkopf als angenehm registriert wird. Und das färbt wieder auf mich ab und beschert mir ein Gefühl des Zufriedenseins.

10. Ist Suppe kochen alles?

Um nach einem philosophischen Sinn zu fragen: Es ist mehr als die schlichte Handlung es vermuten lässt. Denn den Grundgedanken kann ich in alle Bereiche übernehmen. Ich will etwas tun, was allen guttut, aber auch mir. Ich will andere in mein Blickfeld nehmen und sie in ihren Bedürfnissen wahrnehmen. Und wenn sie meine Suppe genossen haben, werden sich die anderen auch mir als Köchin zuwenden, mir Lob aussprechen, aber auch ihren Dank. Und vielleicht gehen sie nach Hause mit dem Vorsatz, selbst so eine Zusammenkunft anzugehen.

Dass jeder selbst danach suchen soll, in welche Richtung er mit seinem Vorhaben geht, dass jeder selbst seinen Stil entwickeln und in sich nach seinen Stärken suchen muss, würde eine Vielfalt von angenehmen gemeinsam erlebten Stunden in die Welt setzen. Und der Alltag würde über die gewohnte Arbeit hinaus einen Sinn erlangen. Wir suchen in der Philosophie nach einem Sinn des Lebens. Aber wenn wir den Sinn in den Wolken suchen und ihn nicht hier auf der Erde verankern, dann kann der Sinn zu einer hohlen Phrase verkommen. Immer muss der Sinn im Herstellen einer Gemeinsamkeit liegen.

Auch darin, die Gemeinsamkeit in der Natur zu suchen, für Tiere und ihr Wohl zu sorgen, unterliegt einer philosophischen Sinnsuche. Aber immer muss ich es wollen und mich einsetzen für ein Wohl der Allgemeinheit.

Denken wir an herausragende Figuren unserer Gesellschaft. Uns bleiben die in Erinnerung, die sich für andere eingesetzt haben. Mahatma Gandhi für die Freiheit Indiens, Martin Luther King für die Rechte der Schwarzen in Amerika, Mutter Teresa in ihrer Fürsorge für Kranke und Schwache in Indien. Diese Drei sind Leuchtfiguren in ihrem Einsatz für alle die, die unter Ungerechtigkeit leiden. Jeder für sich agiert dabei in einem Bereich, den ich spezifizieren möchte. Mahatma Gandhi will die Freiheit des Geistes, sich lösen von den beengenden Grenzen einer festgelegten Religion, jedem einen staatlichen Schutz gewähren. Martin Luther King will Gerechtigkeit, die allen unabhängig von ihrer Hautfarbe zugebilligt wird. Und Mutter Teresa ist Sinnbild für den Schutz der Schwachen. Sie will handeln in einem sozialen Dienst, um ihr Leiden zu lindern. Keiner von ihnen denkt daran, sich profilieren zu wollen. Keiner will reich und wohlhabend werden, eher im Gegenteil. Mahatma Gandhi kennen wir in sein weißes Tuch gewickelt,

Mutter Teresa kleidet sich und ihre Ordensschwestern in einen weißen Sari mit blauen Streifen. Dieser Sari ist zum Sinnbild geworden für den selbstlosen Einsatz aller Ordensschwestern, die inzwischen auf der ganzen Welt agieren. Zu ihren Lebzeiten bereits wurde Mutter Teresa für ihren Einsatz weltweit belobigt. Sicher hat sie ihre Orden und Ehren nicht angestrebt, aber sie hat sie bekommen und damit ihrer Arbeit einen würdigen Rahmen geben und auf die Notwendigkeit hinweisen können.

Keiner von uns traut sich zu, so radikal sein Leben aus- und darauf einzurichten. Und das muss wirklich keiner. Aber sein Leben überdenken und ihm neue Fixpunkte geben, das könnte eine Option für jeden sein. Heraus aus den festgefahrenen Gleisen. Wer auf ein langes Leben zurückblicken kann, erkennt, dass wir es in eine Richtung entwickelt haben. Jeder in seine, bedingt durch Beruf, Ortsumgebung und persönlichem Schicksal. Und viele fragen sich: War das schon alles? Soll es das gewesen sein? Fehlt mir nicht gerade im Alter die Aufgabe, die mich in meinem aktiven Familien- und Berufsleben automatisch ausgefüllt hat? Damals brauchte ich nicht zu fragen. Heute wäre es angebracht, es zu tun. Was also hindert mich daran, meine Lebensphilosophie zu überdenken und an einem Zipfel des großen Bedarfs-Tuches anfassen zu wollen, das sich über die ganze Welt erstreckt. Überall gibt es Not und Elend, überall Ungerechtigkeit, überall sorgen sich Menschen um ihr Staatsgefüge, das Rechte beschneidet. Wir hätten so viel zu tun.

Und wir leben in einem Land, das uns zu allem die Freiheit ermöglicht. Zum großen Teil auch die finanzielle Sicherheit, um die wir uns nicht mehr zu sorgen brauchen. Wir haben ein Dach über dem Kopf und eine warme Bude, die uns immer ein heimeliger Rückzugsort ist und sein wird, um dort Ruhe und Geborgenheit aufzutanken. Uns bewusst zu werden, dass wir damit ein ganz großes Glück für uns verbuchen dürfen, müsste uns dankbar machen. Denn ein Blick in die Welt zeigt, dass nichts selbstverständlich ist im Leben auf dieser Erde.

11. Angekommen

Bin ich nun wirklich angekommen bei meiner Suche nach dem Sinn des Lebens? In einer Rückschau kann ich auf viele Fragen eine Antwort geben:

Ich habe zwar die personifizierte Gottesgestalt aus meiner religiösen Vorstellung verbannt, aber ich bin kein Nihilist geworden, der jegliche Wertevorstellung negiert. Ich habe nicht die auf eine Religion begrenzte Vorrangstellung übernommen, sondern die Gleichwertigkeit aller Religionszugehörigkeiten angenommen. Ich bin kein Existenzialist geworden, aber ich habe mir Gedanken um meine Freiheit, ihre Aufgabe und ihre Bürde gemacht. Ich habe geforderte Pflichten erfüllt und freiwillige übernommen. Ich habe viele Suppen gekocht und für gemeinsame schöne Stunden gesorgt. Mein Leben war voll. Aber wirklich zum Nachdenken hat mich etwas anderes gebracht:

Es war meine Gesundheit.

Mein Leben kann ich einteilen in zwei Teile, ein Davor und ein Danach. Der erste Teil war bestimmt von einem Leben am Rande der Existenz, von Zusammenbrüchen, Krankheiten und dem ständigen Gefühl, für nichts genug Kraft zu haben. Der zweite Teil bescherte mir Aufbau und Gesundheit und eine nie gekannte Normalität. Was war dazwischen? Das, was wir heute als Endstadium einer CFS-Krankheit bezeichnen, das Chronische Müdigkeits-Syndrom, in der der Körper sich weigert, Energie aufzubauen. Mein Leben rutschte unaufhaltsam nach unten. Natürlich suchte ich verzweifelt nach Hilfe, aber diesen Zustand hat man damals nicht als Krankheit erkannt und anerkannt. Dass eine solche Hilflosigkeit dem eigenen Körper gegenüber sich wandeln kann in Aufbau und Zuversicht, hätte ich nicht erwartet. Heute bin ich der Schulmedizin gegenüber dankbar für ihr mangelndes Verstehen dieses Krankheitsbildes, denn es ließ mich eine Option aufgreifen, der sie keinesfalls wohlgesonnen ist: dem natürlichen Energieaufbau. Ganz einfach. Energie-übertragung von Mensch zu Mensch. Dass dieses mich hat überleben lassen, mir darüber hinaus auch noch eine Rundum-Gesundheit geschenkt hat, kann ich nur mit größter Dankbarkeit registrieren. Endlich ein Leben in Normalität.

Aber es ist nicht das unerwartete Glücks-empfinden, das mich auf die Suche gehen ließ, es war eher meine Suche nach Gerechtigkeit. Wie kann ich 50 Jahre nach Erklärung und Hilfe suchen bei denen, die sich zuständig fühlen für unser aller Wohl und unsere Gesundheit, und dieses schließlich finden bei denen, die von den ersteren öffentlich geschmäht und diffamiert werden? Ich verstand die Welt nicht mehr, dafür aber vieles in meinem Körper. Es wurden mir Zusammenhänge klar, Grundlagen und Auswirkungen. Und diese neue Sichtweise ließ mich weitersuchen.

Zuerst nahm ich nur physikalische Vorgänge an, die ich an das anlehnen konnte, was ich in der Schule gelernt hatte. Und dieser Trip führte mich zielgerichtet hinein in die Quantenphysik. Bei der fühle ich mich nun angekommen. Und der Leser wird sich fragen: Was hat die in einer philosophischen Betrachtung zu suchen? Darauf kann ich nur sagen: Alles.

Ich will nur einen kurzen Abriss geben, damit klar wird, was ich mit „Alles" meinen könnte.

Die Quantenphysik erklärt den Ursprung der Welt durch eine Energiebündelung ungeheuren Ausmaßes. Und seitdem entwickelt sich alles auf der Erde nur durch Energie und innerhalb eines harmonisch funktionierenden Energiesystems. Und jede Entwicklung wird durch Energie weitergestaltet, und der Fortschritt unserer Zivilisation ist Ergebnis unseres Geistes. Weder seit Anbeginn der Menschheit noch in heutigen Zeiten können wir die Auswirkungen des Geistes leugnen. Er bestimmt unsere Persönlichkeit und kann als von uns bewusst gestaltete Energie bezeichnet werden, die möglich ist auf der Grundlage der unbewusst wirkenden Energie in unserem Körper. Alle Funktionen des Körpers sind nur möglich durch diese Energie. Sie hat sich ein System geschaffen, in dem sie selbst für ein reibungsloses Funktionieren sorgen will. Die Selbstheilungs-„Kraft" ist uns ein Begriff, aber wir bauen die Zuversicht unserer Gesundheit kaum darauf auf. Energie können wir nicht sehen, also sehen wir sie nicht als wesentlichen Faktor. Genau darum hat sich die Schulmedizin dem Sichtbaren im Körper zugewandt und sich voll auf die Erforschung der Materie beschränkt. Das ist reell. Das kann man nachweisen und in kleinsten Teilchen belegen.

Mir ist aber durch das Erleben meiner körperlichen Energieeinwirkungen klar geworden, dass ich Teil einer größeren Energieeinheit sein muss. Und die Dimensionen umfassen uns alle und alle Existenzen auf der Erde in einer funktionierenden Einheit der Galaxis. Unvorstellbar, aber anders nicht anzunehmen. Und so müssen wir davon ausgehen, dass alles nach den gleichen Gesetzen und Regeln verläuft, dass wir verbunden sind durch die Energie, die es anders nicht haben will. Sie ist der Motor unseres Lebens hier für alle und alles.

Gelernt haben wir die Beschränkung. Wir haben Kästen gesucht und einsortiert, was hier- und dorthin gehört. Die Kästen haben sich als Ausschluss von anderen verstanden und so auch unser Wissen aufgebaut und unsere Wissenschaften. Jede hat für sich einen Wahrheitsgehalt rekrutiert und mit den Wissenschaften die Religionen, die Regierungsformen, die Lehren, die Medizin und alle möglichen Zusammenbündelungen. Jede hat auf ihrer Wahrheit bestanden. Und genau das ist ins Bröckeln geraten.

Man braucht kein Wissen um die Quantenphysik, um dieses Bröckeln wahrzunehmen. Aber es hilft, größere Einheiten und Zusammenhänge zu erkennen und sie einzuordnen. Durch die nicht mehr zu übersehenden Katastrophen auf dieser Erde ist uns klar geworden, dass wir unsere Sünden nicht in einem mangelnden Gottesdienstbesuch zu sehen brauchen, sondern in all den Überlastungen, die wir unserer Natur haben zukommen lassen. Wir haben die Ressourcen dieser Erde ausgegraben, verbrannt, abgeholzt, zugebaut, verändert nach Gutdünken und zu unserem Nutzen. Wir haben Kriege geführt und führen sie noch, einesteils um Landgewinn aus Machtstreben, zunehmend werden sie geführt werden um das schlichte Überleben zu ermöglichen. Wir sind aufgewacht aus dem Traum eines sorglosen Daseins, für das unser Gott für zuständig erklärt wurde.

Aber er ist es nicht. Wir sind es. Und wir alle müssen uns Gedanken machen, wie wir diesen Katastrophen begegnen. Wie wir damit umgehen.

„Alles im Leben ist wie Suppe kochen" – diese Küchenphilosophie scheint den Problemen der Welt nicht gewachsen. Und doch sagt dieser Satz Grundlegendes aus:

Das Erste ist eine Vergleichbarkeit von Handlungsabläufen. Wir nehmen uns etwas vor, suchen nach dem rechten Weg und führen ihn aus zum Wohl aller.

Die Quantenphilosophie erklärt diesen Vorgang kurz und bündig durch den Auftrag an alle denkenden Wesen, eben jeden Menschen, sich seiner Verantwortung bewusst zu sein:

Sei du ein Quant, der die Schwingung in Gang setzt, die sich in die Resonanz der Harmonie einfügt.

Das gilt für alle Bereiche immer nach dem gleichen Verfahren. Überlege, was zur Harmonie beiträgt und unterstütze durch dein Handeln diese Notwendigkeit. Denn was wir nicht brauchen, sind Taten die stören und zerstören. Wir brauchen keine Destruktion, weder Aggression noch Gewalt und schon gar keine Kriege. Unser Denken und Handeln muss konstruktiv sein, aufbauen, erhalten, verbinden. Und so wie ich für meine Suppe nur die besten Zutaten wähle, um die Gesundheit zu unterstützen, aber auch um einen optimalen Geschmack zu erreichen, kann ich auch in anderen Situationen meinen Einsatz auswählen.

Damit wären wir schon mitten in der Suche nach einer Wertigkeit. Einen Schrank zu bauen und damit sein Chaos in den Griff zu bekommen, ist für den Erbauer wichtig und macht ihn froh. Wer einen Doktortitel errungen hat, kann wirklich stolz auf seine Leistung sein und sein ganzes Leben danach ausrichten. Und Suppe kochen? Sie wird gekocht, gegessen und ist in dem Augenblick schon Geschichte. Und doch steht sie für die Notwendigkeit, unser Leben hier auf der

Erde erhalten zu wollen. Und nicht nur unser eigenes Leben. Alle Menschen auf der Erde müssen täglich ernährt werden, für alle müssen Nahrungsmittel vorhanden sein. Und wir müssen Notstände wahrnehmen und für sie eintreten. Nicht nur wir dürfen satt werden wollen, alle anderen auch, egal welcher Hautfarbe oder Staats- und Religionszugehörigkeit. Das ist ein Grundrecht. Und wenn wir genug haben und andere nicht, müssen wir teilen. „5 sind geladen, 10 sind gekommen..." Wir müssen alle willkommen heißen auf dieser Welt und den besten Weg suchen, auf dem jeder für sich und andere sorgen kann. Im Sinn eines Erhaltens aller Ressourcen auf dieser Welt.

Wir müssen global denken:

Das Recht, das ich mir herausnehme, muss ich auch allen anderen zubilligen.

Wir müssen in Zeitverläufen denken:

Da die Welt schon immer durch die Energie bestimmt wurde, hat sich vieles an wertvollen Gedanken und Praktiken entwickelt. Aber diese übergehen wir gern und oft kurzsichtig. Denn für uns ist der Fortschritt unserer Zeit wichtig geworden und den sehen wir allzu gern nur positiv. Aber ein Fortschritt kann nur dann als solcher gelten, wenn er auch die Zukunft einbezieht, denn diese lebt wiederum von der Vergangenheit unserer Zeit. So sind wir verwoben auch in der Zeit und wir haben vor allem dafür zu sorgen, dass wir die Grundlage unseres Daseins erhalten, und das ist die Energie. Kann sie sich nicht im Sinn der Harmonie immer wieder reparieren, läuten wir damit für unsere Nachkommen den Untergang ein.

Um all dieser grundlegenden Gefahren wegen ist es wichtig, sich um den Erhalt der Energie zu kümmern, und die Voraussetzung dazu ist, sich überhaupt ein umfassendes Wissen zu verschaffen.

12. Rückschau

Ich habe nach der Weisheit im philosophischen Sinn gesucht. Das ist mir sicher nicht geglückt. Aber eine Überschau gewonnen zu haben, eine Einsicht in die Zusammenhänge ist auch etwas, was der Weisheit eines Menschen entspricht. Aber ich wollte auch nicht der Weisheit Flügel geben, sondern die Weisheit im Alltag suchen, dort, wo sie auf ihre Art schon immer angesiedelt war: in der Küche. In der Küche wurde schon immer gehandelt, üblicherweise von Frauen, immer zum Wohle für andere. Und allzu gern haben allzu viele dieses genossen, ohne die Bedeutung zu würdigen. Frauen haben sich in ihr Programm ganz selbstverständlich eingefügt, ohne groß darüber zu reden. Und dass man dieses als Grundlage eines philosophischen Diskurses sehen könnte, hatte in ihren Gedanken sicherlich keinen Platz.

Heute aber wissen wir um die Ergebnisse unserer Umweltsünden, und auch, dass keine Philosophie dieses verhindert hat. Und so muss die Philosophie sich wie die großen anderen Gruppierungen auch eine neue Richtung suchen, die unsere Probleme aufgreift, benennt und angeht. Sie muss auffordern zum Handeln.

Handeln im sozialen Sinn des Kümmerns, des Bewahrens und sinnvollen Veränderns. Frauen haben das schon immer getan und es ist an der Zeit, die Bedeutung der Frau in ihrem Wirken herauszustellen. Nicht die großen Denker haben die Welt praktisch gestaltet, es waren die Frauen, die für den Alltag sorgten und damit für das Wohl der Allgemeinheit.

„Handle so, dass die Maxime des Willens jederzeit als Prinzip einer allgemeinen Gesetzgebung gelten können." Kants philosophischer Imperativ fordert uns zum Handeln auf eingebettet in ein Gesetz. Frauen, die Hüterinnen des Herdes, die Schlüsselgewaltigen der Speisekammern, brauchen kein Gesetz, sie handeln aus Verantwortung. Und manchmal prägt sich statt eines großen Wortes eher ein schlichter Satz ein, der so vieles beinhaltet:

Alles im Leben ist wie Suppe kochen.

13. Epilog

Ich bin am Ende meiner Ausführungen angelangt. Es ist mein ganz persönlicher Bericht über meine ganz persönlichen Erfahrungen aus meinem Alltagsleben und erhebt keinen Anspruch auf Allgemeingültigkeit. Das soll er auch nicht. Er könnte aber den Leser/die Leserin anregen, über sich selbst nachzudenken und nach den eigenen Ursprüngen des Denkens und Verhaltens zu suchen. Geprägt sind wir durch die kleinen Ereignisse unserer Erfahrungen und kaum durch die großen Philosophen dieser Welt. Wir haben an unserem Leben gestrickt und ihm ein eigenes Muster gegeben. Und jederzeit können wir entscheiden, ob wir diesem Muster ein neues zufügen wollen. Wir müssen nicht zu einer Mutter Teresa mutieren, aber wir können im Kleinen vieles bewirken und uns die Neugier bewahren, ob nicht die ganz kleinen Taten sich zu vielen zusammentun und dadurch im Großen wirken.

Zum Schluss möchte ich noch einen Gedanken revidieren: den des Doktortitels. Auf dem Grabstein ist er festgeschrieben und scheint dort für eine lange Zeit die Bedeutung des Verstorbenen zu unterstreichen. Aber ist das wirklich so? Nimmt nicht die Bedeutung dieses Titels ab mit dem Bekanntheitsgrad des Trägers? Wen kenne ich schon, der vor 100 Jahren zu seinem oder unserem Wohl gehandelt hat. Das in Stein Gemeißelte scheint dort zu bleiben und der Wert für uns findet in unserem Leben keine Rückkopplung.

Aber etwas anderes bleibt durchaus. In unserer Familie sind es einige Schmankerl aus der österreichisch-böhmischen Küche, die sich tradieren und auf unsere Ursprünge verweisen. Rezepte von Uroma. Natürlich vermischt mit neuen Rezepten wo auch immer sie ihren Ursprung haben. Und das bringt mich zum Nachdenken. Ein Erlebnis fällt mir dazu ein:

In den 80-er Jahren verlebte ich einen Urlaub auf Rhodos. Und in einer alten Bäckerei dort entdeckte ich die leckersten türkischen Süßwaren. Natürlich dachte ich etwas verwundert, was diese türkischen Köstlichkeiten auf einer griechischen Insel zu suchen haben. Aber in unserer global ausgerichteten Küche schien es mir normal zu sein, über die Grenzen hinauszublicken. Erst ein Zeitungsartikel aus dem vergangenen Februar klärte mich auf, er wies auf den Vertrag hin, der 100 Jahre zuvor in Lausanne geschlossen wurde. Die ewigen

Streitereien im Osten des Mittelmeeres mit ihren Inseln und Gebietsansprüchen der Anrainerstaaten hatten zu ständigen Kämpfen, Kriegen und Ausweisungen geführt. Dem wollte man ein Ende setzen durch einen Bevölkerungsaustausch zwischen Griechenland und der Türkei. Ethnische, vor allem aber religiöse Zugehörigkeit sollte in Zukunft für ein konfliktfreies Leben in gesäuberten Staaten sorgen. Praktisch hieß das: Es wurde gegen den Willen der Menschen umgesiedelt, verbunden mit einem unendlichen Leid für die Betroffenen, mit einem Auseinanderreißen von Familien, von Gemeinschaftsstrukturen, vertrieben von Haus und Hof, denn sie durften nur ihre bewegliche Habe mitnehmen. Und in dem Zielland waren sie keineswegs willkommen und konnten nur unter sehr erschwerten Bedingungen ihr neues Leben aufbauen.

Sie hinterließen alles. Und auch ihre Bäckerei auf Rhodos. Und es ist mehr als erstaunlich, dass sich dort ihre Süßwaren weiter verkaufen ließen, obwohl die Christen angeblich mit Freude (?) ihre muslimischen Nachbarn verabschiedet hatten. Vielleicht hatten sie doch schöne, erfüllte gemeinsame Stunden bei einem griechisch-türkischen Essen verbracht. Vielleicht liegt in einem Magengenuss mehr als eine notwendige

Nahrungszufuhr. Und uns verbindet ein Rezept nicht nur in der Familie mit unserer Vergangenheit, sondern auch mit Menschen aus anderen Kulturkreisen. Und wenn heute unsere Gastronomie so bunt wie möglich mit Leckereien aus anderen Ländern lockt, gefällt es uns, unsere Gaumen damit zu ergötzen. Und ehe wir einen Menschen aus eben diesem Land kennengelernt haben, haben wir seine Küche genossen, diesen Geschmack in uns aufgesogen. Ein Nahekommen auf der Ebene des Wohlbefindens.

Und eben dieses Nahekommen könnte eine der Vorbedingungen sein, unsere Welt als Einheit zu erfahren, als ein gutes Miteinander trotz aller Unterschiede und tradierten Erfahrungen. So langsam dämmert es uns, dass wir nur miteinander auf dieser Welt „die Suppe auslöffeln müssen, die wir uns eingebrockt haben". Würde Putin an seinem langen Tisch nicht nur unliebsame Einzelpersonen auf Abstand halten, sondern ihn zum Mittelpunkt eines Gemeinschaftsessens für die gewählten Häupter der Regierungen – es würden viele Platz finden – machen: Sie könnten die Qualitäten der Suppen aus ihren Ländern miteinander verkosten und die Besonderheiten dieser Länder würdigen. Man käme sich bei diesem Genuss sicher ein Stück näher. Doch das bleibt ein

Traum. Und ginge es nur ums Suppe-Essen, gäbe es wohl kaum Schwierigkeiten. Aber unsere Probleme sind mit einfachen Rezepten nicht zu lösen. Und doch: Wenn wir herunterkommen auf die grundlegende Bedingung des Überleben-Wollens, dann kommt der Suppe eine entscheidende Bedeutung zu in dem Gedanken des „Alles im Leben ist wie Suppe kochen" ebenso wie „Alles im Leben ist Suppe kochen".

Es lohnt sich tatsächlich, darüber zu philosophieren.

Über die Autorin

Lieselotte Herwig, geb. 1943, studierte Lehramt für Grund- und Hauptschulen und für Realschulen mit Schwerpunkt Germanistik und Kunst. Neben ihrer Arbeit an einer Grundschule hatte sie 10 Jahre lang einen Lehrauftrag für Kinder- und Jugendliteratur an der Universität Hildesheim inne. Seit der Pensionierung engagiert sie sich aktiv in der Senioren-Akademie Alfeld.

Der Gedanke, über ihr Leben zu schreiben und sich darin mit Physik und Medizin zu beschäftigen, hat ihren Ursprung in ihrem persönlichen Schicksal. Sie erlebte zwei völlig unterschiedliche Lebensabschnitte, 50 Jahre ein Leben mit Burnout-ähnlichen Belastungen, seit etwa 30 Jahren Gesundheit und Wohlbefinden. Dabei erfuhr sie die Rolle der Schulmedizin in aller Hilflosigkeit ihren Krankheitserscheinungen gegenüber und anschließend die grundlegende Hilfe der Alternativen durch einen aktiven Umgang mit der Körperenergie. Warum das so sein konnte, versuchte sie sich durch eine intensive Beschäftigung mit unterschiedlicher Literatur zu erarbeiten. In ihrem ersten Buch „Gehen Sie irgendwohin! Burnout der Medizin oder Wie Physik heilt", erschienen im Hottenstein Buchverlag 2017, beschreibt sie ihren Weg auf der Suche nach Gesundheit. In ihrem zweiten Buch „Werte Doctores ! Über die Chance anders zu denken" vermittelt sie umfassende Gedanken zu dem Thema Energie, setzt sich vor allem aber mit dem Nicht-Wissen und dessen Folgen für unsere Gesellschaft auseinander.

Sie weiß heute: Die Grundlage allen Seins, darin eingeschlossen unsere Gesundheit, ist die Energie, und es ist dringend geboten, sich diesem Thema zu öffnen.

Sollten Sie Ihre Erfahrungen niederschreiben wollen, würde ich mich freuen, wenn Sie sie mir unter der Mail-Adresse gedanken-heilung@online.de mitteilen würden. Es ist wichtig, voneinander zu hören und dadurch immer sicherer zu werden. Wer weiß, was alles noch möglich sein wird?